あなたも死なない人間になりませんか

中巻

梶原和義

JDC

はじめに

人間は死ぬものだという考え方は、命を真面目に考えていない日本人に共通する大欠陥です。世間の人は皆死ぬのだから、自分も死んでも仕方がないという考え方は、赤信号皆で渡れば怖くないという考えです。

ところが、死んでしまうと、皆で一緒という理屈は一切通用しないのです。人間は全く永遠に孤独になるのです。

現在生きている皆様は、因縁にまといつかれているのです。自分の業《ごう》にまといつかれているのです。自分という気持ちが孤独です。本当に自分の気持ちを分かってくれる兄弟はいないでしょう。妻でも、子供でも、自分の気持ちを分かってくれる人は、この世の中には一人もいないのです。

自分は全くの孤独です。全くの孤独という状態が、死んでからの危険信号を示しているのです。黄泉、冥土の状態が孤独という状態で、すでに現われているのです。

観世音になりますと、これがなくなってしまうのです。神と一緒に歩いている、神と一緒に生きていることが、はっきり分かるからです。

命は本当は生と書くべきです。命は現世に生きているという意味です。しかし、生きていることの実質的な命は生です。生とは、死なない命です。人間は、実は死なない命を与えられているのです。これを生きているというのです。生きているということと命とは違うのです。

人間は今、生きています。これをしっかりと見極めるのです。生きているという有難い業をつきとめますと、観世音になるのです。これは死なないのです。

生が肉体的に働いている状態を魂と言います。魂は死ぬ命とは違います。死なないものです。死なない、一番上等の命を人間は経験しているのですから、これがよく分かったら死ななくてもすむのです。

例えば、暑い夏の昼間にクーラーのついた部屋に入りますと、涼しく感じます。涼しいとは何でしょうか。これが、実は死なない命の持ち味です。俗な言葉で言えば、極楽になるのです。極楽の本体は何かと言えば、生です。だから、これを掴まえたら死ななくなるのです。

マグロの刺身を食べておいしいと感じる。これが生の味です。

この世に生まれるまでに、皆様が経験していた死なない命、本当の命、永遠の命の味を、五官によって経験しているのです。ところが、その掴まえ方が分かっていないために、みすみす生きていながら、死ななければならないことになるのです。

生きていることは死なないことです。死なない特別の命を経験していながら、これに対する認識を持っていない。

この世の常識、この世の宗教にまといつかれているために、観世音することができない。

観自在することができないのです。そのために、死なねばならないことになるのです。

人の五官の感覚はすばらしいものです。これはそのまま神の力です。神の力が人に宿っているのです。これを無駄にしないことです。

死ぬというのは日本人が考えるほど簡単なことではありません。だから、生きているということを、しっかり見つめなければいけないのです。

生きていることがなぜすばらしいのかと言うと、五官が本当の命を経験しているからです。目が見えること、耳が聞こえることが、神です。神の実物です。神の実物を人は持っているのです。これを本当に信じれば、今までの迷いはすべて消えてしまうのです。

せっかく生きていながら死んでしまうことは、ばかなことです。どうか死なないようにして頂きたい。

命は神です。神は命です。神と一緒に生きているのですから、リビングという神の実物を掴まえて頂きたいのです。命の本物を発見して頂きたいのです。

神が分からないというのは、今までの無明煩悩に基づいて考えているからです。今までの自分の経験を棚に上げて、もう一度子供ような素直な気持ちになって、命の実物を掴まえて頂きたいのです。

太陽系宇宙という不思議なものがあって、私たちはそれを毎日経験しているのです。この不思議な奇妙なものを経験していながら、命が分からない人は、地獄へ行くしかないのです。

人間がこの世に生まれてきたのは、全く不思議な縁です。人間の霊魂がこの世に現われるということは、めったにないことです。千載一遇という言葉がありますが、世界が始まってから終わるまで、宇宙に大異変が生じて、神の御霊が人間の人格という形になって現われた。そうして、人格が一種特別の世界観、価値観によって、自分自身のあり方の本体を会得することができるようになっている。この全体の構造のスケールを、客観的に眺めているのが、仏法です。一万七千六百巻の仏典は、人間存在を客観的に眺めていますが、人間存在を客観的に眺めただけではだめです。

宇宙構造は、本質的に命という不思議なものによって、構造されています。本来、地球ができるまではそういうことはなかったのですが、地球ができたことによって、命の働きが全面的に押し出されたのです。これを天地創造と言うのです。

それを仏典は全体的に説明しようとしているのですが、仏教は、人間が生きていることを踏まえて、その範囲内で人間の側から見ようとしている。だから、全体的なスケールが分からないのです。

お寺さんのお坊さんになるためには、唯識三年倶舎八年と言いまして、十一年間の修行をしなければならないのです。

仏典は何を言っているのかと言いますと、万物があること、人間がいることを人間の側から説明しようとしているのです。だらだらと色々な方面から説明しているのですが、結局分からないのです。命が分からないからです。

命が宇宙に展開しているスケールが、仏典では掴めないのです。仏とは悟るという立場からの言いかたです。この出発点が小さいので、存在の根底の説明ができないのです。だから、仏典をいくら勉強しても本当の命は分かりません。

日本で本当に仏教の研究したのは、道元と親鸞くらいです。弘法大師も日蓮も、もうひとつです。個性的な見解が強すぎるのです。道元と親鸞だけは、客観的に独自の立場から、命の本体に迫ろうとしたのです。

この二人は非常に真面目な考えをしていたようです。本当に感心できるのは、親鸞一人でしょう。彼は一生懸命に勉強して、自力も他力も両方学んだのですが、どうしても命の真髄に触れることはできなかった。そして、とうとう仏教をやめてしまったのです。ここが親鸞の偉いところです。

親鸞の宗教は強いて言うなら、乞食そのものです。乞食をすることが親鸞の宗教であって、現在の本願寺などとは、天と地ほどの違いがあるのです。人間は宇宙構造が分からないので、人間存在が分からないのです。人間存在は宇宙構造を縮小したものです。人間存在の構造さえ分かれば、宇宙構造は自然に解明できるのです。神も仏も、自由に分かるようにできているのです。

人間の立場に立てば仏になります。神の立場に立てばキリストになります。ここが違うだけです。

現在の宗教、学問では宇宙構造と人間構造を一つにして考えることができないのです。二千年前にイエスが現われました。それ以来、彼のような人間が現われたことがありません。このイエスが死なない命を生きてみせたのです。従って死なない命を掴むためには、イエスの生き方を勉強する以外には方法はないのです。この末の時代に、極東の日本で、神が神の思想を展開しようとしているのです。

現在の世界中の人間は、死んでしまう人間ばかりです。死んでしまう人間から、死なない人間に戸籍を変更しなければならないのにこれができない。なぜできないのかと言いますと、自分の気持ちで生きているからです。自分の気持ちで生きている人間は、絶対にだめです。死ぬしかないのです。

宇宙構造と言えるものは、太陽系宇宙しかありません。太陽系以外に宇宙構造という言葉が使えるものがないのです。

太陽系宇宙の構造が、人間という一個の存在に縮小して現われている。これが人の子です。イエスと同じ状態です。

ところが、自分の気持ちで生きている人間は、全部悪魔の子です。これは死んでしまうに決まっている人間です。死んだら地獄へ行くに決まっているのです。

イエスと同じ存在になってしまえば、宇宙と同じものになります。すべての人はそうなる可能性は十分にあります。ところが、そうなることを人間は嫌がるのです。仏典や聖書の勉強をしようと思っているからです。これではだめです。

聖書があるのではありません。人が生きているということがあるのです。本当に心を開くことができれば、イエスと同じ状態になれるのです。心を開かない人は、死ぬしかないのです。

地球計画というのは人間計画です。人間は後にも先にも六千年の間、現われているだけです。その前にも後にも全くありません。人間存在が現われて、自分の意志、自分の考えで生活し始めたのは、永遠から永遠の宇宙の中で、たった六千年間だけです。顕微鏡で見ても分からないくらいに、小さな短い時間です。

しかも、現在、皆様が生きているのは、たったの八十年か九十年です。その間にイエスのような人間になるというのは、普通の人間ではできないことです。だから、どうしてもしないとは言えませんが、なれなければ地獄へ行くしかないのです。

人間存在が、そのまま聖書です。それを知らずに聖書を信じようと思う、聖書の勉強をしようと思っている。だから、分からないのです。

人が生かされている客観的事実を見ようとしないで、自分が聖書を勉強しようと考えている。このど根性があるうちは、どうしても分からないのです。

女の人が料理を作ると何とも言えないおいしいものを作ります。これはその人自身が、宇宙であることを証明しているのです。宇宙を縮小したものが太陽系宇宙であり、それを縮小したものが人間自身です。

地球計画と人間計画は同じものです。神が地球を造ったことと、人間を造ったことは、同じ計画です。これにキリストというふりがなをつけるといいのです。

人間は自分が生きているというばかなことを考えるから、これが全然分からないのです。自分が生きていると思っている人間に限って、聖書を勉強しようと考えるのです。

パウロは次のように述べています。

「しかし、信じたことのない者をどうして呼び求めることがあろうか。聞いたことのない者をどうして信じることがあろうか。宣べ伝える者がいなくては、どうして聞くことがあろうか。

遣わされなくては、どうして宣べ伝えることがあろうか。『ああ麗しいかな、良きおとずれを告げる者の足は』と書いてあるとおりである。

しかし、すべての人が福音に聞き従ったのではない。イザヤは、『主よ、誰が私たちから聞いたことを信じましたか』と言っている。従って、信仰は聞くことによるのであり、聞くことは、キリストの言葉から来るのである。

しかし、私は言う。彼らに聞こえなかったのであろうか。否、むしろ『その声は全地に響き渡り、その言葉は世界の果てにまで及んだ』」(ローマ人への手紙10・14〜18)。

一体、福音とは何か。それが分からない、知らなかったと言う人がいるかもしれないが、森羅万象の姿、万物のあり方として、福音が述べ伝えられたのです。目に見える形が声であり、神の言葉が美しさ、香り、味、景色となって現われているのです。太陽の輝き、雲の流れ、川の流れ、四季折々の草花、鳥のさえずり、動物、植物の営み、果物の美味しさ、牛肉の美味しさ、魚の美味しさは、すべて全地に響く声であり、言葉です。これが神の福音であって、これに関係がない人は、一人もいないのです。

パウロは、人間自身が現在生きている状態の真髄をそのまま述べているが、それが分からない。だから、人間はみすみす死んでいくことになるのです。死ななくてもいいのに、みすみす死ななければならない状態になっている人間が、この地球上に七十八億人もいる。こんな愚かなことはないのです。人間は時間的に無限が理解できるのです。五十年前のことも、五万年前、五十万年前のことも、言われると分かるのです。これは無限の時間が理解できることを意味するのです。

将来、地球がどうなるのかということも、話を聞けば理解できるのです。永遠の過去と、永遠の未来とが両方理解できる。これは人の理性が永遠性を持っているからです。

時間的なことだけではなくて、地球のこと、太陽系宇宙のこと、銀河系宇宙のこと、アンドロメダ星雲のこと、宇宙全体のことを聞けば、理解できるのです。

人の理性や人格は、神の御霊の働きが、そのまま人の内に働いているのです。理性、良心という思考能力は、神と同じものです。神と同じ能力性、可能性を持っている。時間的にも空間的にも、無限から無限へのすばらしいスケールを持っているのです。

ところが、自分が生きているというばかなことを考えるのです。だから、命に対して盲目になってしまっているのです。自分の内にある能力を冷静に考えてください。永遠から永遠への、すばらしい能力性を持っているのです。

ヨハネの黙示録第二十章十一節にある、大きな白い御座（great white throne）が、人が生きている事がらの真髄です。人の内にあるものは、集約的に言えば、グレート・ホワイト・スローンと同じものです。

人間は無心になればすぐ分かります。自分という意識を捨てて無心になれば、すぐに神に同化できるのです。本来の自分の本質にとけ込んでしまえるのです。そうすると、皆様の存在が神の御座の存在と同じになるのです。これが永遠の命です。

四十年、五十年宗教を勉強してもだめです。何十年聖書を勉強してもだめです。自分の存在を通ってみれば分かるのです。自分の存在を通ってみれば、それが永遠無限の価値を持っていることが分かるのです。

自分が生きていると考えるから、それが全く無意味、無価値になってしまうのです。魂はめったにこの世に現われるものではありません。今、私たちは魂がいっぱいある条件のもとに生きていますから、魂はどこにでもあると思えますが、魂が人格として宇宙構造の中に現われるということは、未来永劫と言える無限の空間から考えても、めったにないことです。

普通、魂が自覚状態として現われるという不思議なことはあり得ないことです。魂が現われたということは、そのまま生ける神の子になるのです。これが分からない人は、全部地獄へ行くしかないでしょう。自分という人間がいると思っている人は、地獄しか行く所がないのです。

あなたも死なない人間になりませんか　中巻／目次

1. 死ぬ原因

般若心経に諸法空相という言葉があります。諸法の中に空相という面と実相という面と二つがあるのです。大乗における三法印は、諸行無常、諸法無我、涅槃寂静ですが、諸法無我が諸法空想の実体のようなものになるのです。

諸法を空相として捉える場合と、諸法を実相として捉える場合とによって、意見が根本的に違ってくるのです。しかし、これは両方共実体です。

二律背反という言葉があります。テーゼとアンチテーゼがあることは誰でも知っています。人間は二律背反という理屈を知っていながら、無意識にどちらかの理屈に立とうとしているのです。

現在、現象的に存在するものを実体と考えますと、諸法実相になります。諸法空想になりますと、現象的に存在するものは実体ではないとなるのです。老子の思想で言いますと、無が働いているのです。無の働きによって万物は生成されているのです。従って、万物の本体は無であるということになるのです。

有として現われているものは滅するものである。有為の働きと無為の働きと二つあるのです。無から有が生まれているのです。万物はすべて無から生まれているというのが、老子の哲学です。

無が働かなければ有が働かないという考え方です。存在の実体は無であるという考え方です。これが無為の哲学です。

有とは何かと言いますと、滅する相です。有になれば滅んでいく形であり、消えていくための相であるのです。無は生まれるための相です。生まれる面と消える面と、二つの働きがあるのです。

有も無も、二律背反という意味でどちらも本当です。どちらも本当ですが、どちらも嘘です。なぜ無が働くのか、無が働けば有になるのはなぜかということですが、この説明を老子はしていないのです。

無が働くから有があると言っています。これは間違いありません。しかし、無の働きの実体が老子によって説明されていないのです。ここに老子哲学の基本的な欠陥があるのです。働くということは命を意味するのです。無の状態が有に変化します。なぜ変化するのかと言いますと、命があるから変化するのです。

命とは何かということを、結局、老子は説明していないのです。私たちは命の勉強をしようとしているのです。老子が勉強しなかったことを、私たちは勉強しているのです。

老子の哲学で言いますと、有の働きというのは、物を無くする働きです。無は生み出す働きを言うのです。有は滅する働きを言うのです。

これは皆様の肉体を見れば分かるのです。皆様はこの世に生まれてきたのです。これは無為です。無の働きによって人間存在が発生したのです。

この世に生まれたということは、無為の原理によって発生したのです。無が働いたので肉体を持っているのです。肉体を持っている人間はどうなるのかと言いますと、死ぬに決まっているのです。

有の働きは滅です。無の働きは生です。生まれるのです。生まれたのは死ぬのです。こうなるに決まっているのです。

例えば、目の前に花があるとします。花が咲く前は無でした。咲いている状態は有です。この花はしぼんでいきます。無から生じた花が元の無に帰るのです。無と有との関係は、生と滅の関係であって、無を主張することは生を主張することになるのです。生まれることを主張することになるのです。

有を主張することは、死を主張することになるのです。今皆様が肉体的に存在している自分を認めると、死んでいくことになるのです。これが死の原因です。

有の哲学は死を認めている哲学です。例えば、カントの哲学は有を認めています。資本主義の哲学、共産主義の哲学は、皆有を認めているのです。有を認めている哲学は、生きていることを認めざるを得ないのです。そうして、死んでいくことを認めざるを得ない哲学です。

自分がこの世に生きていることを根本的に確認することになりますと、死んでいく自分を確認したことになるのです。

皆様は死んでいく自分を自分と思っているから、死んでいくのです。現象世界というものは、やがて滅びていくのです。生あるものは必ず死する。形あるものは必ず壊れるのです。有の働きは滅する働きになってしまうのです。私たちが肉体的に存在する命を認めるとしますと、死んでいくことを認めたことになるのです。

般若心経の般若波羅蜜多というのは、現在肉体的に生きてはいるけれど、これは空という状態で生きているのだから、肉体を必ずしも肯定する訳ではないのです。

般若心経は、人間が肉体的に生きていることを、否定していません。涅槃というあり方で、肉体的に生きていることをクリアーしようとしているのです。

クリアーという言い方は、陸上競技のやり方を採用しているのです。高跳びで、二メートルのバーをクリアーします。現在私たちが生きている線をクリアーすることによって、死を乗り越えることができるのです。

般若心経の般若波羅蜜多というのは、クリアーすることを主張しているのです。だから、現象的に存在する社会が絶対的に存在するということ、唯物論的に、即物論的に物象の世界を認めてしまいますと、死を認めることになるのです。

現象を認めることは死を認めることになるのです。死を認めるくらいなら、般若心経や聖書の勉強をする必要がないことになるのです。

私の話は初めはよく分かりますが、だんだん勉強している間に分からなくなると言われます。なぜそうなるのかということです。

皆様には無為ということと、有為ということについて、理解をして頂きたいのです。皆様は霊的に考えることと、肉的に考えることとを行きつ戻りつしているのです。行きつ戻りつをいつまでも続けていることは良くないのです。

無為、無によってすべてが生まれてくると言いますと、これに賛成します。現実社会がなければならないと言いますと、また、これに賛成するのです。

有という面と、無という面の両方を勉強しなければならないのです。有という面も無という面も、どちらも理屈があるのです。

そこで、命の勉強をするためには、霊なる面と肉なる面と両方勉強する必要があるのです。私の話を聞いていてだんだん分からなくなったとしますと、霊なる面と肉なる面とを混線しているからです。

肉なる面の常識を持ったままで、霊なることを考えようとしているから、分からないのです。

人間は本当のことを知らないのです。本当のことを言いますと、人々は聞こうとしないのです。病気が治る、お金が儲かるという話をすれば、たちまち人が集まるでしょう。

私は皆様に本当の命があることをお話ししたいのですが、このことを人々は聞こうとしないのです。私たちの考えは、今までの文明とは全く違った、新しい文明の台頭を提案しているのです。壮大なスケールの問題をお話ししているのです。

自分一人が分かるとか分からないという小さな観点に立たないで、全人類の運命に関する問題として考えて頂きたいのです。そういう大きい見方をして頂きたいのです。

私は現世と来世との関係について詳しくお話ししたいのですが、皆様にそれを本当に知りたいという熱心さがあるかどうかです。

そういうことを勉強したいという根気を持って頂きたいのです。分かったようで分からなくなるというのは、私の話が皆様の気持ちの根底まで届いていないからです。

老子は無から有を生ずると言っています。これは非常に明確な思想ですが、非常に不完全な思想です。正しいけれど完全ではないのです。

老子は無とは何であるのかという説明をしていません。無の本体は何であるのか。無からどうして有が生まれてきたのか。生まれるのはどういう力がどのように働いているのか。これが老子の哲学には示されていないのです。これは命が分かっていないからこういうことになるのです。

エネルギーとは一体何であるのか。これが老子が言う無為と大きな関係がありますが、このことをお話ししたいのですが、今の皆様の精神状態ではご理解頂けないでしょう。そこで、般若波羅蜜多を勉強して頂きたいということを申し上げているのです。

般若波羅蜜多ということは、向こう岸へ渡るという知恵のことです。実は、人間は般若波羅蜜多のために、この世に生まれてきたのです。この世に生まれてきた自分自身を解脱するのです。現在生きている自分自身を解脱するのです。これをしなければ本当の命を見つけることができないのです。

秦の始皇帝は現世の自分の命を何とか伸ばしたいと考えていた。そうして、不老不死の薬を求めて世界中に人を遣わしたという話があるのです。

現世に肉体的に生きているままの命を永遠に永らえようとすることが、物理法則に反するのです。生あるものは必ず死ぬ。形あるものは必ず壊れるという原理を無視することはできません。

皆様が本当の命を本当に掴まえたいと考えるのでしたら、現在の命をクリアーすることを考えて頂きたいのです。生きているままで永遠の生命を掴まえるためには、生きているままの状態をクリアして頂きたいのです。

心臓が止まってしまえば万事休すです。心臓が止まるまでに、現在まで生きてきた命を乗り越えて頂きたいのです。今までの物の考え方を乗り越えて頂きたいのです。

これが般若波羅蜜多です。これは私の意見ではありません。般若心経の意見です。

エネルギーの本質は何であるのか。この本質を掴まえたら、死という問題と、生という問題の実体が究明できるのです。ところが、皆様の究明態度がしっかりしていないのです。

命の問題は生活の問題より大きいのです。このことをまずご承知頂きたいのです。このことが理解できれば、私と皆様との基本的な見解が一致するのです。基本的な見解が一致しないと、どうしても意見が合わないのです。そこで、分かったような分からないような状態を行ったり戻ったりすることになるのです。これは残念なことだと思います。

本当の命がありながら、皆様は手を伸ばして取ろうとしていないのです。まず手を伸ばす姿勢を取って頂きたいのです。

こういう勉強会に三十回や五十回出たくらいではだめです。自分の人生をかけて、一生勉強する気持ちでとことんして頂きたい。そうしたら、その忍耐力を見て、神は本当のことを教えてくださるのです。

エネルギーの本質は精神的なものです。無の働きということについても、無がどうして働くのか。無というのが精神の淵源です。

一体、精神とは何かということです。これが現在の人間には全然分かっていないのです。私は未だ人間が踏み込んだことのない世界のことをお話ししているのです。こういうことを神の御霊によって教えられているからです。

私が皆様にお話ししたいのは、神の約束です。地球には自然法がありますが、これが無の働きの原理です。無がどうして働くのか。老子が言おうとして言えなかったこと、釈尊が言おうとして言えなかったことをお話ししたいのです。

イエスが言ったことを、現代的な感覚で翻訳してお話ししたいのです。ところが、普通の精神状態では、私が言うことがお分かり頂けないでしょう。そこで、どうしても般若心経の世界観に学ばなければならないのです。

まず究竟涅槃を学んで頂きたいのです。究竟涅槃を理解して頂かないと、だめです。私が言うことの真意を受け取って頂くことはできないでしょう。

今までの皆様の経験を棚に上げる度胸がなかったら、イエスが死を破った実体を捉えることはできません。

死は破ることができるものです。イエスは死を破ったのです。これはイエスの復活によって、歴史的に証明されているのです。

イエスはどうして復活したのか。どうして死を破ったのかということを、皆様に具体的にお話ししたいのです。

世間並みの日本人の考え方ではだめです。日本人は命を知ろうとしないからです。本当の命を知ろうという人は、日本にはめったにいません。その意味で、皆様は日本人離れをしているのですが、ついでにもう少し人間離れをして頂きたいのです。

浮世離れをするくらいの度胸がなければ、本当の命、永遠の命を掴まえることはできません。

エネルギーの実体は精神です。精神の実体は何かと言いますと、一つのウィル（will）に行き当たります。

宇宙に偉大なウィルがあります。また、皆様一人ひとりにもウィルがあります。皆様の中にあるウィルというのは、小さすぎるのです。個々の意見、個々の立場、自分の利害得失しか考えない、非常に小さいウィルがあるのです。

このスケールの小さいウィルを大きいスケールのウィルの所へ持って行けば、その人は死ななくなるのです。小さいウィルも大きいウィルも同じウィルですから、人間のウィルを神のウィルの所へ持って行けば、死ななくなるのです。

釈尊が空と言いました。ここに注目して頂きたいのです。釈尊が空と言ったのは、現在生きている人間に対して、五蘊皆空であると言っているのです。

現在生きている人間の常識、知識が、空であると言っているのです。空であるという意味は、間違っているということとは違うのです。

現在の人間から見れば、この世があることは大切なことです。しかし、この世があるという本当の意味を知ることが、大切です。

例えば、地球がなぜ存在するのかということです。この事がらの本当の意味が分かれば、現世は大切なものなのです。

現在の文明はすばらしいものです。ところが、全世界の人間は、地球があることの意味が分からない。従って、現在の人間が造っている文明は、盲目の人間が造った盲滅法の出来事になっているのです。

盲千人、目あき千人と言いますが、霊魂の問題になりますと、盲千人だけであって、目あきは一人もいません。

地球がなければ文明があるはずがないのです。また、人間が生まれてくるはずもないのです。地球があるから人間が生まれてきたのです。こんな簡単なことが今の人間に分からないのです。従って、人間完成は地球完成と切っても切れない関係にあるのです。

人間は万物の長でありまして、万物の最終段階に被造物として生まれたのです。人間は森羅万象を一つひとつ認識することができます。認識することができるということは、人間自身の心の中に、森羅万象を動かすことができる力が内在していることを意味しているのです。

モーセが紅海の水を割って、二百五十万人のイスラエル人をエジプト軍から逃れさせたのです。砂漠にある岩を叩いて水を出したのです。イエスは水をぶどう酒にし、五千人の人々を五つのパンと二匹の魚で食べさせたのです。これは万物を動かす力が人間の中にあることを示しているのです。

このような人間のあり方を神の子と言うのであって、世間並みに商売をしている者は人間ではないのです。こんな者は人間ではないのです。本当の人の子ではありません。

本当の人の子というのは、万物の長として自分自身の完成を考えるような人柄のことを指すのです。皆様は万物の長として自分を完成しなければならない責任を自覚して頂きたいのです。

皆様方自身が完成することは、地球を完成するための基礎になるのです。こういうことは老子も言っていないのです。私たちは老子や孔子の思想よりもはるかに偉大なもの、深いものを勉強しているのです。だから、今までの皆様の勉強で、分かったとか分からないとか言うのは間違っているのです。

死の原因とは何かと言いますと、この世に生まれてきたことが死の原因です。もしこの世に生まれてこなければ、死ぬことはないのです。死はないのです。

この世に生まれてきたということの意味が、よく分かればいいのです。この世に生まれてきたという意味がよく分かれば、死ななくなるのです。この世に生まれてきていながら、また、この世に生きている意味が分らないままで、ただ生活に追いまくられている。こういう無責任な生き方をしていることが間違っているのです。

人間文明は底抜けバケツです。こんなものを信じていることが間違っているのです。

何のために生まれてきたのか、何のために生きているのか。命とは何であるのか。こういうことが分からない人間が、現在七十八億人もいるのです。人間歴史六千年の間、このことを真剣に考えないで、だらだらとこの地球上に生きていたのです。この醜態を皆様は何と考えているのでしょうか。

日本から新しい文明の指導原理が生まれなければならないのです。新しい聖書の見方、新しい仏典の見方、新しい命の見方が、日本から生まれなければいけないのです。皆様はそのための先兵になって頂きたいのです。

ただ自分一人が分かるとか分からないとかいう小さな所に、視点を置かないで頂きたいのです。

人間はこの世に生まれてきたから死ぬのです。この世に生まれてきたのは何なのか。この世に生まれてきたことが業《ごう》です。

業の実体とは何か。皆様はこの世に生まれてきました。現在生きています。このことが業です。これを悟るのでなかったら、本当のことが分かるはずがないのです。

業に生きているままの状態で、業を背負ったままの気持ちで生きている人間が、とこしえの命を勉強しようと思うことが間違っているのです。無理です。

まず死ぬべき自分を死ぬべきものとして認定することです。これが死を乗り越える第一の条件です。こんな状態では必ず死ぬということをしっかり考えて頂きたいのです。そうしたら、死を乗り越える姿勢ができるのです。

皆様は今の状態のままで、何とかごまかして永遠の命を掴もうと考えていますが、これはできないのです。

業をよく心得て頂きたいのです。業には二種類あるのです。自我意識と現象意識の二つの業があるのです。

自我意識があるために、皆様はこの世から逃れられないのです。自分が生きているという考えです。これがあるために、どうしても自分から逃れられないのです。

自分はいないのです。これは簡単なことです。本当の皆様の生命は何であるのかと言いますと、鼻から息を出し入れしていることです。心臓が動いていることです。これが素裸になった皆様の姿です。

鼻から息を出し入れしていることが人間の姿です。息とは何であるのか。これがエネルギーの原点になるのです。

息は一つの働きです。老子が言うような無の働きの一つです。無が皆様の息として働いているのです。息はどこから来たのかということを、まず勉強する必要があるのです。そうすると、自我意識というばかな観念が消えてしまうのです。

皆様の心臓は皆様が動かしているのではありません。皆様の息は、皆様自身が勝手にしているのではありません。皆様が息を吸って出しているのではありません。

皆様の息は皆様自身のものではないのです。これは宇宙の原点であり、生命の起源であるもので、これを仮に神と言ってもいいと思います。仮に神と名付けるとして、神が生命の原点になるのです。

神は永遠の生命そのものです。無尽蔵の命そのものです。無尽蔵の命が人格を持ったものを神と言っているのです。

無尽蔵の命が人格を持っている。人格とは何かと言いますと、その根本原理がウィルです。

意志です。命にはウィルがあるのです。命のウィルを発見したら初めて、そのウィルがエネルギーになって現われていることが分かるのです。

そこでまず、皆様は自分が生きているという考えを棚に上げて頂きたいのです。私の話を聞いている時には分かったような気がするが、家に帰ったら分からなくなるという人がいますが、分からなくなるというのは自分の気持ちです。これが自我意識という迷いです。これが分かりますと、これに引っかけられなくなるのです。

本当の福音を受け入れるということは、日本人にとっては大変難しいことです。日本人は中国の思想とか、インドの思想には親近感を持っていますけれど、聖書については全く拒否反応を示すのです。聖書には初めから拒否反応を示すのです。

戦国時代から江戸時代にかけて、高山右近、大友義鎮、大村純忠、有馬晴信、小西行長、黒田孝尚、蒲生氏郷、筒井定次といった大名が、キリスト教に入信し洗礼を受けました。いわゆるキリシタン大名と言われる人々です。

これらの人々が信じたのはヨーロッパにあったキリスト教であって、本当の福音ではなかったのです。本当のキリスト教は未だかつて日本に紹介されたことがないのです。ですから、日本人はキリスト教ではない聖書、キリスト教ではない神、キリスト教のキリストではない本当のキリストが分からないのです。

キリストとは何かと言いますと、神の地球計画です。何のために人間が遣わされたのか。

人間は万物の長です。万物の長として自らを完成することが、人間がこの世に生まれたきた目的です。

私たちは現世に生きるために生まれてきたのではないのです。生ける神の子として永遠の命を経験して、森羅万象を治めるために生まれてきたのです。

人間が成長する可能性は無限です。人間の霊魂は無限に成長する可能性を与えられているのです。宗教で考えている幸福とか、死んだら天国へ行くという、そんな小さなものではないのです。

万物を治めるということは、永遠に関する見通しをつけるという大きな問題でありまして、やがて地球は消えていくのです。人間社会もなくなるのです。それでも、皆様の命は永遠無窮に進展しなければならないのです。進展向上しなければならないのです。

従って、今までの皆様の常識で考えることをやめて頂きたいのです。これが業を断ち切ってしまう方法です。自分の立場で考えることをやめて頂きたいのです。自分の経験で考えることをやめて頂きたいのです。

神の約束というのは、自然法の原理です。自然法はどうしてあるのか。ウリの蔓にはナスはならないのです。桜の木に菊は咲かないのです。

「バラの木に　バラの花咲く　何の不思議もないけれど」という北原白秋の歌があります。バラの木にバラの花が咲くというのが自然法の正体でありまして、ウリの蔓にナスはなってはいけないのです。バラの木にバラの花が咲かねばならないのです。

自然法の原理が神のウィルでありまして、神のウィルが、地球が存在する原点になっているのです。

なぜ地球が存在するのか。宇宙に死が発生したからです。神は宇宙から死を取り除いてしまうために、遠大な計画を立てたのです。これが神の地球計画の根本です。これに基づいて人間が生まれてきたのです。

人間の存在は驚くべき高遠無双のものでありまして、皆様が悟りを開くとか開かないとか、死なない命を持つとか持たないとかいうそんな小さなものではないのです。

皆様は神のヘルパーとして宇宙を治めるべき人です。皆様は桜を見れば桜として認識できます。バラを見ればバラと認識できるのです。森羅万象を認識できるのです。これは皆様の意識の中に森羅万象が存在している証拠です。

人間は自分の中にないものを外に見ることはできません。自分の中にあるものを外に見ているのです。自分の中に森羅万象が存在するから、それを外に見ているのです。

般若心経に五蘊という言葉があります。色受想行識という五つの迷いがありまして、その初めが色蘊です。

色蘊というのは、目で見たものがあると思うことです。人間の肉体があると考えるのです。地球があると考えるのです。目に見える物質があると考えるのです。これが色蘊です。

般若心経は無眼界乃至無意識界という言い方をしています。目で見ている世界は一切ない、これが色蘊です。また、意識している世界もない。これが受想行識です。

色蘊が中心になりまして、人間の意識活動や生活の感覚が発生しています。こういうものが一切空だと言っているのです。

空だというのは無いという意味ではありません。存るのですが、常識では分からない状態であるという意味です。老子の無という言い方で在ると言うのです。

老子の哲学は非常に優れた哲学ですが、全世界の歴史の流れを説明することはできません。人間が何のために地球上に現われたのかということを、老子は説明していないのです。

老子、孔子、荘子は非常に優れた思想を説きましたが、命については全然説明していません。

釈尊も同様です。現世に生きている人間は空だと言いましたけれど、命の説明はできなかったのです。釈尊は明けの明星を見たのです。この時にすばらしい大発見をしました。

釈尊が明けの明星を見たことが、新約聖書が成立するための非常に大きいポイントになっているのです。

釈尊が明けの明星を見て悟ったのです。これが新約聖書、キリスト紀元が地球上に発生するための非常に大きい原因になっているのです。このことに世界中の学者、宗教家が一人も気が付いていないのです。

これは世界の秘密です。釈尊が見た明けの明星は何だったのか。これとイエス・キリストとの関係はどういうものだったのか。こういうことを勉強しなければ、世界歴史の実体は分からないのです。

日本人は世界歴史の流れに基づいて見ようという大きい見識を持っていないのです。島国根性だけで考えているのです。こういうことでは、とても神の地球計画を忖度することはできません。

釈尊が見た明けの明星という大スケールは、宇宙の夜明けを見たのです。宇宙的なスケールで、地球の夜明けを見たのです。

エネルギーの本質は地球だけのものではありません。命は地球だけのものではありません。生命現象は地球だけのものです。火星にも金星にも生命現象はありませんけれど、地球全体に命が満ちているというのは、宇宙全体の生命力が地球に集中しているのです。

これが創世の大原則です。これが分からなければ人間の命はとても分かりません。このような神の大スケールを前提にして、釈尊の思想ができているということをご承知頂きたいのです。

皆様は六十年、七十年と、この世に生きていて何が分かったのでしょうか。それによって未来の希望が見えるのでしょうか。今のままで死んでしまいますと、希望どころか絶望があるだけです。

こういう哀れな状態を悟って頂きたいのです。希望は一つもないのです。絶望だけがあるのです。

現実の世界は一切空ですが、地球が存在することは大切な意味があるのです。この大切な意味を悟るために謡曲幸若舞の敦盛の一節を知って頂きたいのです。

「人間五十年
化天のうちをくらぶれば
夢幻の如くなり
ひとたび生を享けて
滅せぬもののあるべきや」

これは織田信長が好んだ舞いの文句です。皆様の何十年間の人生は、本当の命を知るための前提条件であったにすぎないのです。準備期間であったにすぎないのです。

神は、この日本から驚くべき真理を全世界に発揚する計画のようです。今の日本は何を考えても自由な国です。何を言おうと、どんな勉強をしようと自由です。

ですから、あらゆる思想、宗教、哲学に捉われないで考えることができるのです。今まで人間が考えられなかった真理を、世界に生み出せるのは日本以外にはありません。こういうことを神は日本でさせようとしているのです。

万物があると考えること、自分が生きていると考えることが人間の業です。この業を克服するためには、どうしても般若波羅蜜多を行じて頂きたいのです。

皆様は般若波羅蜜多を悟るためにこの世に生まれてきたのです。皆様の過去の人生がそれを証明しているのです。皆様の何十年間の人生は何にもならなかったのです。

人間はこの世に生きるために生まれてきたのではありません。本当の命を見つけるためです。彼岸へ渡るための知識を学ぶために、この世に生まれてきたのです。

ですから、自分の思想や自分の執念や執着を持たないで頂きたい。今まで考えなかった新しい人生観、世界観を考えて頂きたいのです。

2. 死とは何か

ハートとは何であるか。ハートの問題が大きい問題です。ハートでないと霊が分からないのです。ところが、皆様はハートで見ることができないのです。マインドで物事を理解することはできますが、ハートで見ることができないのです。

禅宗は、命の問題と禅の問題とがどういう関係にあるのかが分からないのです。達磨は解脱、解脱としきりに言いましたが、解脱した後にどうなるのか、何のために解脱するのか分からなかったのです。解脱の目的が禅にはないのです。これが禅の致命的な欠陥です。

般若心経も同様です。究竟涅槃と言っていますから、涅槃の境地を味わうことは結構ですが、何のためにそうするのかが分からないのです。

般若波羅蜜多とは彼岸に渡ることですが、彼岸はなぜあるのか。彼岸が存在する目的は何か。彼岸に入った後にどうなるのかということです。仏教のお坊さんは、それを言う必要はないと言って逃げるのです。千聖不伝と言って逃げてしまうのです。

いくら千聖不伝と言っても、彼岸がある以上は、彼岸の目的がなければならないのです。仏教はこれを教えようとしない。結局、仏教は悟ることだけが目的であって、人間に永遠の命を与えるという責任感がないのです。また、仏教は永遠の命の実体も知らないのです。ただ悟りだけを言うのです。

達磨は悟るという意味で、非常に厳密、厳正ですが、どのような悟りが正当かが分からないのです。誰の悟りを正当な悟りと言えるのか。何を標準にして悟ったと言えるのかが分からないのです。

これが禅の悪い所であって、野狐禅がたくさんできる原因になっているのです。

観自在菩薩の心境ですが、どの程度の心境が観自在菩薩と言えるのかということです。これが漠然としているのです。

五蘊皆空と言いますが、五蘊皆空をどのように悟ることが正当なのかということです。これについての標準がないのです。

日本人が聖書になじめない原因は、神の約束が分からないからです。これは何も日本人だけではなくて、欧米人も、東洋人も同様です。ユダヤ人以外の人間は全部聖書の約束に係わりがないのです。

日本人だけが聖書に対して、特に拒絶反応を持っているということがおかしいのです。日本が地理的に他の国から海によって隔てられていたために、文物の流れはありましたが、本当の聖書は入ってこなかったのです。もちろんキリシタンバテレンを厳しく禁止し、徳川三百年の鎖国政策による多大な影響があったことは確かです。

儒教的なものですと比較的なじみやすいので、日本人は受け入れやすかったのですが、聖書は一般の文化とは違うものです。

キリスト教は本当の聖書ではありません。それでも神の約束とかキリストとか言いますので、やはり受け入れにくい面があるのです。本質的に言いますと、聖書の思想はヘブライズムでありまして、一般文化のヘレニズムとは違うのです。

異邦人のヘレニズムと、ユダヤ人のヘブライズムとは根本的に違っているのです。キリスト教社会ではヘブライズムと言いますけれど、ヘレニズムで想像できる、または推察できる程度のヘブライズムしか受け止めていないのです。これが欧米社会で、本当の聖書が存在していない原因になっているのです。

聖書には霊という問題と肉という問題があるのです。これはキリスト教の教義的な語法でありまして、哲学ではこういう言い方をしていません。

ドイツ観念論などの哲学には、肉のことばかりを問題にしていて霊の問題には触れていません。触れることができないのです。これがヘレニズムの文明の特徴です。

現在の学問は、本質的には全部ヘレニズムばかりです。ギリシャ文明もヘレニズムばかりです。

霊というのは、日本人には上という言い方の方がいいでしょう。上というのと、天という言い方がありますが、日本人がいう天というのは、目で見える天のことを言っているのです。

上というのは上下の上ですが、聖書でいう天は霊のことを言っているのです。

聖書に新に生まれるという言葉があります。新に生まれるというのは原語的に言いますと、上から生まれるとなるのです。

上から生まれるという生まれ方は、自分の意志によって生まれるということになるのです。これを日本語的に言いますと、新に生まれるとなるのです。

ヨハネによる福音書第三章の三節に、「誰でも新しく生まれなければ、神の国を見ることはできない」とあります。

神の国というのが純粋な霊になるのです。上から生まれなければ神の国は分からないのです。神の国というのは何か。皆様が死なない命を見つけますと、神の国が分かるのです。

花が咲いているというのは、命が咲いているのです。この命の中へ入るには、新に生まれなければならないのです。皆様には新に生まれるということをどうしても経験して頂きたいのです。

現世に皆様が生まれたのは、自分の意志ではなかったのです。生まれるという動詞には、主語がいるのです。主語がなければ生まれるという言葉が使えないのです。自由意志が働いて新に生まれることになるのです。

主語となるべき人格の意志が働かなければならないことになるのです。日本人だけではなくて世界中の人間が、生まれると常識的に言いますけれど、自分の意志によって生まれた人は一人もいないのです。

人々は生まれさせられた状態を生まれたと言っているのです。これは聖書から言いますと、間違っているのです。人間は生まれたと正当に言うような生まれ方をしていないのです。自分の意志に全然関係なく生まれているのです。人間は他者の意志によって生まれさせられているのです。

従って、現在の人間の人生は、本質的に自分のものではないのです。本質的に自分のものではない人生を、人間は送らされているのです。経験させられているのであって、経験しているのではないのです。

自分の主体になる人格が確立されないままで、五十年、六十年生きていたということになるのです。この点にまず気付いて頂きたいのです。

釈尊が自分が今まで生きていたのは間違っていたとはっきり悟って、自分の考えは空であった、五蘊皆空であったということを看破したのは、当然のことです。

皆様は自分が生まれたと何気なく使っています。これは文明の概念が基本的に間違っているということです。

人間は知らず知らずのうちに、文明の概念によって魂が束縛されているのです。自分が生まれたのでもないにも係わらず、生まれたという言葉を使っています。生まれたという覚えがないのに、生まれたと言っているのです。

死ぬということも同じことです。死んでいく当人は知らないのです。以前に、京都大学で心霊科学を研究しているチームがありました。その当時、心霊科学のチームに属していた准教授がいましたが、この人が大学へ出勤するために朝バスに乗っていたのです。

このバスが市電と正面衝突したのです。准教授は一番前の席に乗っていたので、衝突した時には即死でした。死んでしまったのです。

このことが学校に伝えられた時に、早速心霊科学の対象にしたのです。死んだ准教授を霊媒を用いて呼び出したのです。

「先生は今どこにおられますか」と聞いたところ、「僕はバスに乗っているよ」と言うのです。「なぜですか」と聞くと、「なぜですか」と言って、「学校へ出勤するのでバスに乗っている」と平気で答えているのです。

本人は死んだことを知らないのです。こういうことになるのです。死んだということが本人には分からないのです。人間は生まれたことも分からない。いつ生まれたかが分からない。親が「おまえさんが生まれた時は、雪が降っていて寒い日だった」と言うのです。お父さんは「雪が降っていて、産婆さんを迎えに行くのに困った」と言うのです。ところが、生まれた本人は全く知らないのです。

人間は知らない間に生まれているのです。死ぬ時も、本人が意識しない間に、この世を去ってしまうのです。ここが問題です。

現在、人間が生きていると言いますけれど、人間は命を知らないのです。

こういうことを聖書はどのように扱っているのかということです。

ダビデは次のように言っています。

「見よ、あなたは私の日をつかのまとされました。私の一生はあなたの前では無に等しいのです。まことに、すべての人はその盛んな時でも息にすぎません。まことに、人は影のように彷徨います」（詩篇39・5、6）。

人間が生きているのは息にすぎないのです。生きているというのは息をしているだけです。鼻から息をしているだけです。命、命と大げさに言いますけれど、人間の命はただの息にすぎない。神から見るとこういうことになるのです。

人は影のように彷徨いますと、口語訳では訳していますけれど、文語訳では、「人が世にあるは影に異ならず」となっているのです。

人間がこの世に生きているということは、神という命の実体、実在から見ると影です。人間は生きているつもりです。ところが、実体は影です。ただ鼻から息を出しているだけのことです。生理現象が働いているだけのことです。生命意識は全くないのです。

生理現象が働いているということと、生命意識とは違います。人間に生命感覚はありますが、意識していないのです。

生活意識はありますが、生命意識がないのです。これが重要です。人間が現世から去ると生活意識が途絶えるのです。しかし、これを自分で意識することはできません。眠っている状態になるのです。

霊媒によって覚まされますと気が付くのです。出てくるのですから、霊媒によって聞くと答えるのです。ところが、客観的にはもう死んでいるのです。現世から去っているのです。

京大の准教授の場合で言いますと、学生たちは准教授が即死したことを知っているのです。そこで、霊媒によって聞いたのですが、本人は死んだと思っていない。バスに乗っていると言っているのです。

なぜこういうことになるのかと言いますと、現在の人間は生活意識は持っていますけれど、生命意識は持っていないのです。だから、この世を去ることはありますが、死ぬことにはならないのです。だから、本人は死んだと思っていないのです。

死とは一体何か。死をどのように考えたらいいのかということです。

死とは死んでしまった者です。パウロは、「神は死んでしまった者を仮に生かしている」と書いています(ローマ人への手紙4・17)。

皆様の魂は死んでしまっているのです。生きているのではないのです。生活はしているが、生きてはいないという妙なことになっているのです。

皆様は今まで何十年間生きていたと考えているでしょう。ところが、皆様は命を知らないのです。生きていたと本当に言えるとしたら、命をはっきり知っていなければならないのです。ところが、生きていたという語法は使っていますが、これは実は文明の概念です。この世の概念です。聖書はこのことを、この世の習いに従っていると言っているのです。

生きているという格好があったと言っているのです。神から見たら全く生きていなかったのです。神は皆様に生活を与えているのです。パウロはこれを「死人に生活を与えている」と言っているのです（同4・12）。

英訳では、giveth life to the deadと訳しているのです。死んだ人間に生活を与えているのです。人間は生きているのではない。ただ生活があるだけです。

現在の人間は生活意識はありますが、生命意識は持っていないのです。その証拠に准教授は命が分からなかったのです。

生きているという言葉を使う以上、命がはっきり説明できなければならないのです。命の本質が何か、分かっていないのです。

人間は命を与えられているのです。どういう状態で与えられているのかと言いますと、死んでいる状態の人間に命が与えられているのです。つまり、命が認識できない人間に、命が与えられているのです。命の実体、命の正体をはっきり認識できない人間に、命を与えているのです。仮に命を与えているのです。

私は皆様に本当の命を持って頂きたいと思っているのです。そのためには、今まで生きていたことを、一人前に生きてきたと思うことをやめて頂きたいのです。なぜなら、命をはっきり知らないからです。

命には、死ぬに決まっている命と、死なないに決まっている命と二つあるのです。死ぬに決まっている命は、今の人間が経験している命です。

人間は命の正体を認識しないままの状態で生きているのです。これを物心と言うのです。人間は物心で生きていますが、これは命で生きているのではないのです。

物心の内容は生活意識です。人間は生活意識で生きているけれど、はっきりした生命意識ではないのです。皆様には生命意識を持って頂きたいのです。

皆様は本当に生命意識を持ちたいと思っているのでしょうか。日本人の大多数は、死ぬのは仕方がないと思っているのです。現在の生命認識は世間並みでいいと思っているのです。

世間並みの人間というのは、実は正確に命を意識していないのです。だから、命とは何かが全然分からないのです。京大准教授のように、バスが衝突して死んでも、死んだと思っていないのです。死んでいるのか、生きているのか分からないのです。

人間が現世に生きているのは、この世の習わしで生きているのです。この世の習わしというのは文明の概念です。現世の概念です。この世に生きている人間の概念です。

この世に生きている人間の概念というのは、死人の概念です。故人の概念です。

かつて、中東地方にノアの洪水という事件がありました。日本人はノアの洪水のことを全然知らないのです。これが日本人の世界観の狭さ、常識の低さ、教養のなさを示しているのです。哲学的教養、または生命的教養の低さを示しているのです。

日本人は教養が低いのです。ノアの洪水という有名な出来事を全然知らないのです。知っていても、はっきり説明できる人がいないのです。

宗教大学の教授でも、ノアに洪水のことを正確に説明していないのです。

現世に人間が生きているということはどういうことなのか。実はノアの洪水以後の人間は、全部故人です。死人です。この人間に神は生活を与えているのです。giveth life to the dead になるのです。死人に対して生活を与えているのです。

神は死んでしまっている者を、仮に生かしているのです。これが今の人間です。皆様は仮に生きているのであって、本当に生きているのではないのです。従って、生命意識がないのは当たり前です。

親鸞とか、道元、日蓮、法然上人と言うと、大変偉い人のように思いますが、皆子供のようなものです。命が分かっていないからです。日本の宗教家の中で、命について正しく説明した人は一人もいないのです。空海でも最澄でも、命が分からなかったのです。

悟りとか、密教の奥義ということばかりを言っていたのです。宗教の説明ばかりしていまして、実は命を全く知らなかったのです。

いろは歌は次のように歌っています。七文字ずつ並べてみます。

「いろはにほへと
ちりぬるをわか
よたれそつねな
らむうゐのおく
やまけふこえて
あさきゆめみし
ゑひもせす」

となります。すべての語尾を並べると、「とかなくてしす」になります。「咎無くて死す」というのは、イエスの十字架のことを言っているのです。日本語の語源にイエス・キリストの十字架があるのです。

空海がいろは歌を作ったと言われていますが、このように現世がはかないものであることを、空海が知っていたとしましても、本当の命がどこにあるのかを、空海は示すことができなかったのです。

空海は地面を掘ったら水が出たという奇跡みたいなことをたくさんしているようですが、命を与えることができなかったとしたら、空海の伝道は失敗です。

ノアの洪水はどういう事件かと言いますと、人間の祖先が生まれて、悪魔の言い分に従っためにに、神によって文明、人間が滅ぼされなければならなくなったことです。

神は人間の魂に向かって、善悪の木の実を食べてはいけないと言ったのです（創世記2・17）。これはどういうことかと説明しますと、本当に神が分かりますと、人間のハートの内容がエデンの園になるのです。

花を見ると、世の中にこんなすばらしいものがなぜあるのかと思えてくるのです。私はこんなすばらしい世界に生きていたのかと感動するのです。

花には死なない命が現われているのです。死なない命、大自然の命が花として現われているのです。

花は新陳代謝しますけれど、死ぬのではないのです。花はやがて消えていきますが、来年になったらまた咲くのです。白頭翁が「年々歳々花相似たり　歳々年々人同じからず」と詠んでいます。毎年毎年似たような花が咲きますが、なぜ毎年似た花が咲くのかと言いますと、死なない命が花として現われているからです。

天が皆様に死なない命を見せているのです。皆様は今生きている命を、自分の命だと考えているので、花の命の中へ皆様の命が入っていけないのです。

今生きているのは自分の命だと思っている。今生きている命を自分の命だと認定しているのです。自分の命を自分で限定してしまっているのです。これが物心です。自分の命を自分で限定していますから、花が咲いているという永遠の命を目の前に見ていながら、花が咲いている命の中へ、皆様の魂が入っていけないのです。これが自縄自縛です。

文明の概念が人間の霊魂を束縛しているのです。文明の概念が人間の霊魂を完全に束縛しているのです。永遠の命を考えられないようにしているのです。ばかなことです。とんでもない島国根性です。

人間はこの世という島国根性の中へ入り込んでしまっているのです。だから、この世から出られないのです。この世から出て、天地の本当の姿、神の国を見ることができないのです。だから、大自然が展開しているという不思議さが分からないのです。これが分かれば、今までの命ではない、もう一つの新しい命が見えてくるのです。

そうすると、皆様の中に死なない脳波が働くようになるのです。今の皆様の脳波は、心臓が止まると消えてしまう脳波です。

ところが、命の源流が皆様の頭に働き出しますと、心臓が止まっても消えない脳波が、皆様の大脳の中で働き始めるのです。これを皆様に経験して頂きたいのです。

これは宗教ではありません。神の処置です。日本人は生ける神を全然知らないのです。花を咲かせている神が分からないのです。

日本人は天と言いますが、天とは何でしょうか。「天道人を殺さず」、「天網恢恢疎にして漏らさず」と言います。老子の哲学がこれに似ていますが、天は人を殺さないのです。人道は人を殺すのです。

人間の知識、常識を信じていたら、必ず死んでしまうのです。皆様が今までの常識に基づいて生きていると、必ず死ぬのです。今までの常識から一歩踏み出して、今まで考えられなかった知識を受け止めるのです。

「人間は影のように彷徨っている」という聖書の言葉が、魂に焼き付きますと、皆様の魂が生き返るのです。

「神は愛である」とか、「聖書の言葉によって新しく生まれる」とかいう聖書の一句、聖書の言葉の一粒が神の精子になるのです。永遠の命を生み出す精子になるのです。皆様の魂は女性です。女性の卵子になるのです。神を求めて求めてやまないのです。女性は年中求めているのです。

女の人は結婚して体は夫に与えますけれど、心は与えません。皆様の奥さんを見たらお分かり頂けるのです。女性は体を夫に与えますが心は与えないのです。これが女性の本心です。女性の本能です。

女性の本能はすばらしいものです。実は女性の本能が男性の命です。女性の本能が男性の本命です。これを知って頂きたいのです。

女性は体を与えますが心は与えません。このために神が女性を造ったのです。女の心は男性のような安物に与えるのではないのです。神に与える準備をしているのです。神はこのことを女性を通して男性に示そうとしているのです。

女性は男性の手本です。エデンの園で、アダムがどうしても神が分からないので、アダムの一番上等なあばら骨を一骨引き抜いて、女を造ったのです（創世記2・21）。男性の中の一番上等なあばら骨の一本を引き抜いて、エバという女性を造ったのです。

だから、女は男の栄光です。男が女に惚れるのは、自分自身の栄光に惚れているのです。男は女性を何回抱いても抱きたくなるというのは、自分自身の栄光ですから、見捨てる訳にはいかないのです。

こういうことは聖書を勉強しないと分からないのです。人間にはこういう秘密があるのです。こういう命の秘密を申し上げますので、幼子になったつもりで聞いて頂きたいのです。

皆様が物知りだと思っているとしたら、間違いです。生きていながら命が分からない人は、物知りとは言えないのです。

日本では命についてはっきり話した人はいないのです。世界でもいないでしょう。イエスやパウロ、ヨハネは別ですが、パウロ以降に本当の命について説明した人はいないのです。

皆様は女性をご存知ないのです。だから、自分自身の霊魂が分かるはずがないのです。

女性は夫に肉体を与えるが心は与えないのです。それでは、誰に心を与えるつもりなのか。女性は自分では意識していませんが、帰るべき古里があることを知っているのです。

女性は男のあばら骨から出てきたのです。だから、男のあばら骨に帰りたいと思うのですが、今の男は自分のあばら骨ではないことが分かるのです。今の男が本物ではないことが分かっているのです。

女性の本能は恐ろしいものです。帰るべき所があることを知っているのです。本能と言いますと、欲望だと安っぽく解釈していますが、本能は人間の本願、本心、本性を意味しているのです。

皆様は魂の本能に目覚めて頂きたいのです。イエスが、「あなたの目が澄んでいれば、全身も明かるいだろう」と言うのはこれです（マタイによる福音書6・22）。

雪が深く積もる年には、モズは高い木の枝にエサを刺しておくと言います。沈没する船からネズミは港で陸に逃げると言います。こういう本能が人間にもあるはずです。

皆様は世間の人よりも本能が強いのです。本能にも弱い人と強い人があります。永遠の生命を掴まえたいと思うのは、よほど本能が強い人です。

小さなクモの子が幾何学的にすばらしく精巧な巣を張るのです。クモの子になぜこんな芸当ができるのでしょうか。クモの中に神がいるのです。モズの中に神がいるのです。ネズミの中に神がいるのです。だから、沈没する船から逃げているのです。動物の中に神がいるのです。

近代文明はユダヤ人文明でありまして、この文明によって人間の本能が削り取られているのです。これが学問です。教育思想です。これによって人間の魂を押さえ込んでしまったのです。ノーベル賞によって人間の知識に限度を設けてしまったのです。

現在の文明意識から超脱して頂きたいのです。人間の考えよりもはるかに上の考えで、皆様ご自身の命を見直して頂きたいのです。また、女性を見直して頂きたいのです。

とにかく女性はすばらしいものです。女性は本命で今の男が本当の人間ではないことを知っているのです。陥罪する前の男の骨が女性になっているからです。

女性の古里は死ぬ男ではない。死なない男に帰りたいのです。これが女性の欲深い所です。

女性は百人が百人共、千人が千人共、シンデレラばかりです。女性の処女的な権高さはシンデレラの権高さです。つんとしているのはシンデレラの権高さです。

女性は善悪の木の実を食べていない男のあばら骨から出てきたのです。女性は男に従属する魂ですけれど、善悪の木の実を食べたら死ぬとはっきり言われたのは男の方です。女は言われていないのです。これには二種類の解釈がありまして、非常に難しいテーマです。

男は陥罪の実を食べたことによって、はっきり死んでしまったのですけれど、女は必ず死ぬと言われた覚えはないのです。女が女であるということをよくよく検討していきますと、女が無言のうちに女の奥底にシンデレラ性があるのです。

男は、金や地位、名誉を求めているのです。それに飛びついて十分に満足できるのです。これは安物の証拠です。女はそれで満足しないのです。もっと高いものを求めているのです。

女と男は根本的に違うのです。女は男ほど頭が良くないのです。頭蓋骨ではなくあばら骨ですから、頭がもう一つ良くないのです。頭は良くないけれども、ハートが働くのです。

女の考え方はハート的です。男の考え方は頭脳的です。ここが違うのです。男は現世向きです。この世向きです。この世の政治、経済、法律というのは男の世界です。ところが、女は政治、経済の問題よりも次元が高いことを考えているのです。

今の女は男の下敷きになっていますから、本当の良さがどこにあるのかを知らないのです。自分自身ではそれを知らないのですが、シンデレラ性だけは持っているのです。

女のボディーラインは男から見るとすばらしいのです。どんな美しい花よりも、女性のボディーラインの方がもっとすばらしいのです。それは女のボディーラインに、女であることが焼き付けられているからです。陥罪以前の女性の素直さが、女のボディーラインに出ているのです。

陥罪以前の人間は、清浄な神に造られたままの人間でした。無原罪、無明煩悩ではない人間でした。これが仏教的に言う観自在菩薩です。観自在菩薩は陥罪以前の人間です。陥罪以前に観世音菩薩のような男がいたのです。そのあばら骨を取って女を造ったのです。私が説明している内容は、一般のキリスト教神学から申しますと異端になるかもしれません。物の見方は表から見る見方と、裏から見る見方と、横から、上から、下から見る見方が、自由自在にできないと、本当のことが分からないのです。

「女が善悪の木の実を食べて、男に食べさせた」と聖書に書いています。そのとおりであったとしても、その時女自身が、神から善悪の木の実を食べてはいけないという戒めを、受けていなかったのです。男は受けていたのです。

女は男から聞いていたと思いますが、直接神から宣告されていなかったために、意識が男のように明確ではなかったのです。

意識が明確ではなかった人間が罪を犯すのと、意識が明確である人間が罪を犯すのとでは、罪の取り上げ方がだいぶ違ってくるのです。同じ犯罪行為でも取り扱いが違うのです。

男ははっきり神から食べてはいけないと命じられていたのです。女は直接命じられてはいなかったのです。エバはアダムから聞いていたでしょうけれども、意識が明確ではなかったのです。従って、犯罪行為としては同じであっても、神の取り扱いが違ってくることになるのです。

男は、「おまえはちりだからちりに帰れ、おまえは土だから、土になって死んでしまうのは当たり前だ」と神から言われているのです（創世記3・19）。

「おまえはちりだからちりに帰ると」妙なことを言われているのです。土だから土に帰るというのは、肉体が土だから土に帰ると言われるのは分かりますけれど、ちりだからちりに帰るというのは、キリスト教神学の関係者では誰も説けないのです。

「あなたはちりだからちりに帰る」という言葉は、男に対する有罪の言葉の一番最後の言葉として書かれているのです。キリスト教ではこの言葉が何のことか分らないのです。

ユダヤ人の社会には、「ちり灰に伏する」という言葉があるのです。これは旧約聖書にある言葉です。こういう儀式をユダヤ人はするようですが、その意味が分からないのです。ちりを頭からかぶるのですが、何のことかが分からないのです。

現在の人間は生きてはいるが、命が分からないのです。命が分からない状態で聖書を読んでいるのです。もちろん神は分かりません。ユダヤ人もキリスト教信者でも、神が全然分からないのです。神が分からないままで聖書を読んでいるのです。この間違いをよく考えて頂きたいのです。

3. 地球はどこから来たのか

人間が現世に生きているということが、すばらしい宇宙のロマンです。これが分からないのです。だから、善とか悪とか、利害得失を考えてイライラして生きているのです。

人間の魂がなぜ地球上に現われたのか。ユダヤ人の社会ではそれとなく弁明されていたのですけれど、ユダヤ人以外の社会で、本当に人間がどこから来たのか、何のために人間が生きているのかという人間存在についての基本的なテーマを、明瞭に言い切った人はいないのです。全然いないのです。

ことに、日本の千二、三百年の歴史において、日本人の中から本当に人間が何のために存在するのかというテーマを、真正面から取り上げた人間さえもいないのです。

例えば、空海とか最澄は、人間の生活の仕方、考え方についての説明はしました。しかし、人間はどこから来たのかについては、空海、道元、日蓮、親鸞でも一切触れていないのです。

これはすばらしく高級な話ですが、しかし、当たり前のことです。人間の目が見えること、耳が聞こえるということが、人間がどこから来たのかを証明しているのです。皆様がそれを知らないだけのことです。

皆様ははっきり言いますと、自分の目が見えるということについて、全然勉強していないのです。

実は皆様の心臓が動いていることが神です。皆様は最も身近にある神という大問題を捉えようとしていないのです。だから、命の実体が分からないのです。

何のために生きているのか。なぜ死んでいくのか。死んだらどうなるのか。こういう重大な問題がさっぱり分からないのです。ただ目の前の利害得失とか、惚れたとか惚れないとかいう小さな問題だけを考えているのです。小さなことは見えているけれど、根本的な大きいことは、何一つ見えていないのです。これが日本人の非常に悪い癖です。

老子の無為という思想は非常に優れた考え方です。無為というのは無の働きです。無の働きはどういうことかと言いますと、目に見えているものが働くのではなくて、目に見えていないものが働いているのです。

目に見えていないものが働いて、目に見える形ができているのです。例えば、空気の働きのようなものです。空気の働きは目に見えていません。だから、人間には気が付かないのです。ところが、もし空気の働きがなかったら、万物は生育しませんし、私たちも生きていることができません。

空気の働き、または、太陽の働きが無の働きになるのです。無為です。無の働きの気流が空気です。無が働いている状態が、気流として現われているのです。ガス体として現われている。これが空気です。

太陽の光線で言いますと、無の働きが光という形で、または熱という形で現われているのです。

無為が万物を存在させている根本原理でありまして、このことを般若心経では空という言葉で現わしているのです。

無の働きが空であって、空という言葉は働きをおのずから含んでいるのです。空という文字はからっぽというのではなくて、非常に大きなもの、非常に大切なものが含まれているのです。現象体ではないのですが、空体です。非常に大きい働きが、目に見えない形で現存していることを空と言うのです。

無の働きと言いましても、空と言いましても、同じ意味になるのです。空を体現することです。目に見えない働きを自分自身が体得することが第一の心得です。そして、体得した無の働きを拝むことが、第二の心得だと言う人がいます。また、そういう勉強をしているグループがあるようです。

これは非常に優れた思想ですけれど、無の働きがどこからきたのか。無の働きの根本に何があるのか。何のために無が働いているのか。こういうことの説明が、そのグループではできないのです。

空の実体は何であるのか。どこから空が現われたのか。人間の生命の根源は何であるのか。人間はどこから来たのかということです。

無為を体現すること、また、無為を礼拝すると言われる人々の考えは優れた思想ですが、所詮は一つの哲学に過ぎないのです。宗教教義に似たような思想になるのです。

宗教教義とか哲学というものは教えとしては優秀なものですが、それによって命の実体を捉えることはできないのです。

私たちは永遠の命の実物を捉えるために集まって勉強しているのです。私たちは聖書を勉強していますが、これはキリスト教の勉強ではありません。

キリスト教の教会で聖書を勉強していますと、真面目な気持ちを持ったままで歪んでしまうのです。キリスト教の先生は真面目です。人間的に真面目であるということでありまして、神的に真面目ではないのです。

キリスト教の先生は神的に真面目だと思っています。本人がそう思っているだけであって、神から見ると間違っているのです。なぜ間違っているのかと言いますと、神の実質、実体を知らないからです。神とは何であるかという説明ができないのです。

「新しく生まれよ」と聖書にありますが、どのように生まれるのか。これが分からないのです。キリスト教の人々は人間は救われると考えているのです。人々は自分が救われたいから教会へ行くのです。これが間違っているのです。

イエスは言っています。

「誰でも私についてきたいと思うなら、自分を捨て、自分の十字架を負うて、私に従って来なさい。自分の命を救おうと思う者はそれを失い、私のために自分の命を失う者は、それを見いだすであろう」（マタイによる福音書16・24、25）。

これをキリスト教の先生ははっきり言いません。これをはっきり言ったら、キリスト教の商売にならないからです。人が集まってこないのです。人が集まってこなければ教会経営はできません。だから、キリスト教の先生は本当のことを言わないのです。

言わないというよりも、牧師が本当のことを知らないのです。牧師は神学校で勉強して資格を得るのです。だから、キリスト教の教義の理屈は勉強しますけれど、本当の神を経験していないのです。神についての概念を理解しているだけです。キリスト教の教義に基づいて神を理解していることはありますが、魂で体当たりして神を捉えていないのです。

宗教と命の勉強とではここが違うのです。従って、無為という考え方は非常にいいのです。人間が存在することが無の働きです。無の働きが人間存在になって現われているのです。ところが、無の実体が何かが分からないのです。聖書には書いていますが、無が分かる牧師さんは日本には一人もいないのです。

宗教はこの世の人間を認めて、この世の人間を幸福にするためにあるのです。しかし、本当の真理というものは、無の働きを知らなければ分からないのです。

自分自身の存在が無であることが分かりますと、初めて真実が分かってくるのです。

実は皆様の心臓の働きが、無為そのものです。無の働きが心臓の働きになって現われているのです。これを神の業と言うのです。

科学とか哲学、政治、経済といった色々な学理学説がありますが、これを天が押さえ込んでいるのです。今の人間は学問を無条件で信じていますけれど、これが間違っているのです。なぜなら、学問は死んでいった人間が造ったものだからです。

信じたい人は信じたらいいのですが、学問は人間に命を与えてくれないのです。人間の生活の方便だけを示しているのです。政治学でも経済学でも、法律学、哲学でも、自然科学全体、人文科学全体、社会科学全体でも、学問はすべてこの世に生きていることの方便に過ぎないのです。

学問がすべての人間を押さえているのです。また、キリスト教がこう言っている。仏教がこう言っている。イスラム教がこう言っていると言って、宗教が人間社会を押さえ込んでいるのです。

学問を信じている人は、学問が絶対だと思っているのです。宗教を信じている人は、宗教が絶対だと思っている。倫理を信じている人は、倫理が絶対だと思っているのです。

良いことをしたら幸せになると、倫理を信じている人は言いますが、良いことをして不幸になる人がたくさんいるのです。悪いことをして良い生活をしている人もいるのです。

学問も、宗教も倫理も、人間に命を与えることができない。魂の目を開かせることができないのです。永遠の生命の実体を見せることはできないのです。

人間は伝統を守ることに忠実になっています。人間社会の伝統とか、アメリカの、黒人には黒人の伝統があって、非常に強い力を持っているのです。伝統が社会を押さえ込んでいるのです。日本社会の伝統は容易に消えるものではありません。

色々な習慣があります。日本の家庭的な習慣、社会的な習慣、国家的な習慣が、日本人を押さえ込んでいるのです。

私たちは毎週勉強会を開いて命の勉強をしているのですが、色々な都合ができましたと言って欠席する人が多いのです。仕事が忙しいとか、家庭の用事ができたとかいう理由で、暇ができたら出席したいと思うのです。

経済的な理由から、生活が安定して時間と経済的な余裕ができたら参加しますと言うのです。ところが、命の勉強というのは、何よりも一番大切なことです。万障を繰り合わせてという言葉がありますが、あらゆることを後回しにして、まず命の勉強をしなければいけないのですが、なかなかそのように考えられないのです。

今までの日本人の習慣で考えますと、やはり仕事の方が大切だと考えているのです。病気の場合は仕方がありませんが、病気以外の場合は、それこそ万障繰り合わせて参加すべきです。

人間の政治、経済、宗教、学問、人間の伝統が、天になっているのです。人間を押さえつけている天になっているのです。

この天を突き破ってしまうだけの度胸がなければ、とても本当のことは分かりません。自分の家庭の事情とか、仕事の事情とかを考えているようでは、とても永遠の生命の勉強はできません。

私は、無理に私の考えを押しつけようとしているのではありません。その必要がないからです。本当に死にたくない、永遠の生命を本当に獲得したいと思われる方は、積極的に勉強して頂いたらいいのです。

人間の学問、宗教、政治、経済、人間の伝統、習慣が人間を押さえ込んでいて、命の勉強をさせないようにしているのです。

日本の憲法には、信教の自由という文句があります。宗教は信じてもいいし、信じなくてもいい、自由だと言うのです。世間並みの宗教なら、信じようと信じまいと自由です。宗教は信じても信じなくても同じことです。仏教を信じようとキリスト教を信じようと自由です。こういうものは皆様の霊魂に何の関係もないのです。

宗教観念というのは、この世では役に立つでしょう。この世では役に立ちますが、この世を去ったら一切役に立たないのです。

死んでから天国へ行ける、極楽へ行けるというのは、真っ赤な嘘です。そんなことは聖書にも仏典にも書いていないのです。キリスト教は聖書に書いていないことを言うのです。そういうことを言わないと商売にならないからです。

死んでから天国へ行くということを言わない教会は、日本には一つもありません。世界にもないのです。だから、全世界のキリスト教は皆間違っていると言わなければならないのです。

人間はどこから来たのかという問いに対して、固有名詞の皆様がどこから来たのかという問題と、魂としての皆様がどこから来たのかという問題と二通りの面があるのです。

固有名詞の人間は文明に押さえ込まれている人間です。信教の自由を信じている人間です。日本の憲法を信じている人間です。

私は日本の憲法が悪いと言っているのではありません。日本の憲法は、人間生活の方便としては必要ですけれど、永遠の命に関しては無関係です。永遠の生命の問題は憲法に関係がないのです。

命は一つしかありません。従って、信じても信じなくてもどうでもいいというものではありません。なければならないものです。持たなければならない唯一無二のものです。

信じても信じなくてもよい宗教なら、世間にはたくさんありますけれど、どうしても信じなければならないたった一つの真理があることを、世間の人は知らないのです。

皆様が今生きているということが命です。これはあってもなくてもいいことではありません。皆様が生きている命の実体を明らかにすることは、皆様の魂に対する責任として、絶対にしなければならないことです。

皆様は生きていながら命が分かっていない。ということは、本当に生きていないということです。本当に生きているなら命が分かるはずです。

自分自身がこの世に生まれてきた以上、自分の命の実体を究明して捉えなければならない責任があるのです。これをどうしてもしなければならないのです。

現世に生まれてきた人間は、自分自身の命に対する責任を持たなければならない義務があるのです。これは人間の基本的な責任です。基本的な義務です。

人間的な基本的な責任、基本的な義務を果たそうとしている人だけ、基本的人権があるのです。基本的な義務を果たそうとしない人間に、なぜ基本的人権が与えられるのでしょうか。

大体、憲法で言っている基本的人権という考え方は、政治上の概念であって、人間存在の真理ではないのです。政治上の概念と人間存在の真理とは、全く次元が違うのです。

人間は何であるのか。固有名詞の人間、文明に押さえ込まれている人間を人間と考えるのなら、私の話を聞く必要はないでしょう。

皆様の魂は、市役所の戸籍台帳に登録されているのではありません。そういうものとは全く関係がないのです。戸籍台帳に載っているのは、日本人として社会人としての皆様であって、霊魂としての皆様とは違うのです。

人間はどこから来たのか。霊魂としての人間はどこから来たのかをお話ししたいのです。

イエス・キリストの復活とは何か。これは最も重要なテーマになるのです。日本にはキリシタンバテレンという考え方が、未だに頑強に根を張っています。日本人は民族性そのものが封建的にできているのです。盲目的に、過去の伝統、習慣にしがみついているのです。これは封建国民の習性です。

ところが、現在の日本では何を考えても自由です。何を言っても自由です。社会の秩序を乱すことがなければ、何を発言しても自由です。

文明社会の中で日本ほど自由な国はありません。白人社会には伝統、規範が強固にあるようです。私がアメリカやイギリスに行ってキリスト教は皆間違っていると言ったら、殺されるか、殴られるか、何かされるでしょう。日本だから堂々と言えるのです。

宗教を信じている日本人はたくさんいますけれど、命をかけて信じている人はいないのです。だから、キリスト教が間違っている、宗教は間違っていると、堂々と言っても誰も文句を言いません。

神や仏を真剣に考えていながら、私の発言に文句を言う人はいないのです。

皆様は宗教に対して直感的に嫌悪感を持っているようです。宗教に対して、人間の魂は拒否反応を起こすのです。皆様の霊魂は宗教が偽物であることを知っているのです。

宗教の勉強を本格的にしていない人でも、神を信じなさい、仏を信じなさいと言われると、本能的に反抗するのです。

人間の霊魂は宗教が間違っていることを直感的に知っているのです。ところが、自分が信じている宗教だけは上等だと思い込んでいるのです。これが困るのです。

現世に生きている人間は、文明という圧力に押さえ込まれているのです。ところが、皆様の霊魂は、現世の政治や学問に関係がないのです。宗教や伝統に関係がないのです。

皆様は霊魂の問題と、現世の人間存在の問題との区別がつかないのです。霊魂が自分か、自分が霊魂か、さっぱり区別がつかないのです。戸籍台帳に載っている自分と、霊魂の自分との区別がつかないのです。

ですから、イエス・キリストの復活を話しても、受け取ることができないでしょう。人間である自分と、人間ではない自分との区別がつかなければならないのです。自分と言いましても、二種類の自分がいるのです。霊なる自分と、肉なる自分がいるのです。

無の働きということですが、例えば、太陽が輝いていることが無為です。また、地球の自転公転が無為です。花が咲いていることが無の働きです。

無為の無とは何かと言いますと、霊です。ところが、霊という言い方も二通りあるのです。普通、日本で霊と言っているのは、シャーマニズムの霊です。

シャーマニズムというのは、いわゆる氏神様とか産土神という考え方から出てくるのです。死んだ人の霊とか、山に霊があるとか、川や木にも霊があると言いますが、これは皆シャーマニズムです。こういう意味での霊があるのです。

普通のカメラで一般の人が写真を撮ったら霊が映っている場合があるのです。こういうことはあるのです。これも無の働きです。神霊現象というのもまた、霊の働きです。こういうことはあっても当たり前です。

シャーマニズムの霊は写真に映る霊です。映るとは限りませんが、映る場合もあるのです。映り方が違う場合もあるのです。

二人の写真を撮ったのに、三人が映っている場合があるのです。霊が映っているのです。これは皆シャーマニズムによる霊です。これは日本だけでなくて、アメリカにもヨーロッパにもあります。イギリスやドイツではこういう写真はたくさん撮られているのです。

私が言う霊は、シャーマニズムによる霊ではありません。ロマンの霊です。

宇宙構造とは何か、天体運行とは何かということです。北極星が一点に滞っているのはなぜか。島宇宙は移動しているはずです。太陽系宇宙も銀河系宇宙と一緒に移動しているのです。

北極星も動かなければならないはずですが、滞っているのです。これがロマンです。皆様の心臓が絶えず動いている。目が見えるのです。これがロマンです。

皆様の目は花の美しさを見極める力を持っているのです。皆様の意識は美しさが正確に分からないのですが、皆様の目は花の美しさをはっきり見ているのです。

言うに言えない美しさと言います。言うに言えないとは言葉では表現できない美しさということです。それを目が見ているのです。

そのように、皆様の目は皆様の頭よりもはるかに鋭い働きをしているのです。これが皆様の魂の本来の機能です。これが神を知っているのです。本当の神を知っているのです。本当の命を知っているのです。

だから、魂は本当のことが知りたいのです。皆様の霊魂の本性が、命の実体を知りたいと思っているのです。これがシャーマニズムの霊ではなくて、ロマンチシズムの霊です。これが本当の霊です。

ロマンチシズムとはどういうことか。皆様が生きているこの地球とは何か。人間はどこから来たのかということを説明しようと思ったら、地球はどこから来たのかを説明するしかないのです。

人間は地球から来たのです。では地球はどこから来たのか。

日本人は地球がどこから来たのかということさえも、考えたことがないのです。地質学の勉強ができても、天文学の勉強ができても、地球が発生した原理を勉強する学問はないのです。

地球がどこから来たのかということがはっきり分かれば、物理学の原理も哲学の原理も皆分かるのです。

人間は地球から生まれたのです。地球がなければ人間がいるはずがないのです。ついでに申しますと、地球以外に人間のような高等な生物がいると言っている人がいます。これはSFの世界の物語であって、お伽話の世界です。

お伽話を読むのは勝手ですけれど、まともに信じることはできないのです。こういうことはユダヤ人のトリックです。ユダヤ人のトリックは非常に深く巧妙です。これを見破る人がいないのです。

ところが、ユダヤ人問題の根底に横たわっているのは、地球の発生に大関係がある非常に大きい問題です。

皆様は地球がどのように生きているかが分かるでしょう。地球はどこから来たのかということは地球の性格を捉えたら分かるのです。地球が持っているカテゴリーを掴まえると分かるのです。

例えば、ある人が何県の出身かということは、その人に少し話してもらえれば分かるのです。言葉の訛りぐあいによって出身地が分かるのです。そのように地球の生き方をじっと見ますと、地球がどこから来たかが分かるのです。

地球は生きているのです。地球は単なる惑星ではありません。巨大な生物です。地球は一つの生物です。生物現象の原点が地球そのものです。だから、地球から生まれたものは皆生きているのです。象でもキリンでも、牛も馬もバイ菌も、皆生きているのです。地球から生まれたもので生きていないものは一つもありません。

新陳代謝をしているのは生きている証拠です。これは生命現象です。新陳代謝しないものは地球にはありません。

学者は地球は惑星だと思っているのです。惑星には違いないのですけれど、無機物の惑星を意味するのではありません。有機的な惑星を意味するのです。

有機的というのは生物的という意味です。地球には地震があります。台風、洪水が起こります。これが地球が生きている証拠です。ところが、人間が地球を粗末に扱うために、砂漠がどんどん増えているのです。

人間の学理学説の原理は地球の本性を捉えていないのです。地球を生物として扱っていないのです。地球はただの物質だと思っているのです。そこで、地球を食い潰すのです。政治や経済はそういう愚かなことをしているのです。

人間が増加し文明が進むほど、地球は荒廃していくのです。その結果、地球が人間を殺してしまわなければならなくなったのです。そういう生き方しか人間はできないのです。

人間は命を知らないのです。地球が生きていることを知らないのです。聖書をまともに勉強したらこのことが分かるのですが、聖書を真面目に勉強しようとしないのです。

キリスト教は間違っています。聖書を正しく勉強していないからです。

地球のカテゴリーは何かと言いますと、動くことです。自転公転しているのです。地球は生き物ですから、じっとしていることができないのです。絶えず自転公転している。これが時間と空間を生み出す原動力になっているのです。

動くとはどういうことか。動くとは前進することです。前へ進むことを意味するのです。人間で言えば前へ歩くことです。地球は前に向かって歩いているのです。これが地球の動的状態です。

地球が動くというエネルギーです。このエネルギーの根源は何かということです。エネルギーと一言で言いますが、非常に大きいエネルギーから非常に小さいエネルギーまであるのです。

マクロ的なエネルギーもあるし、ミクロ的なエネルギーもあるのです。地球はエネルギーが原動力になっているのです。

人間存在は地球そのものを縮小したものです。または、宇宙を小さくしたものだと言えなくもないのです。人間の機能が働く全体のスケールが、人間のスケールを意味すると考えてもいいのです。

肉体的に存在するというポイントから考えますと、人間は小さい地球ということになります。地球にあるものはすべて人間の中にあるのです。何でもあるのです。神から悪魔まであるのです。

人間自身の中に神もありますし、悪魔もあるのです。また、地獄も極楽もあるのです。生きている人間の中に死んだ人の霊も入っているのです。だから、死んだ人の霊が写真に映るのです。

霊のことから肉のことまで、地球のすべてが人間自身の中にあるのです。本当の命を知りたければ自分の勉強をしたらいいのです。

自分自身を勉強すると言いましても、今までの自分を問題にしていたら話にならないのです。

とにかく、今までの自分の考え方をやめる勇気を持って頂きたいのです。イエスは、「悔い改めて福音を信ぜよ」と言っています（マルコによる福音書1・15）。

福音とは何か。キリスト教が考えているようなばかなものとは違います。パウロは、「心の深みまでも新たにされて」と言っています。これを英語ではand that ye be renewed in the Sprit of you mindとなっています（エペソ人への手紙4・24）。

Spirit of you mindとは精神の霊ということです。これは人間の精神構造のことです。精神構造の霊です。霊とは、あり方とか状態を意味するのです。人間の精神構造の状態、いわゆる精神表象の状態を変えてしまえと言っているのです。

精神の表象とはイメージそのものです。人間自身のイメージが間違っているのです。これを変えてしまわなければ神は分からないのです。

人間の精神にはイメージがいっぱい詰まっているのです。人間とはこういうものだ。仕事とはこういうもの、家庭の状態、牛、馬、猫、犬、花、自然とはこういうものというイメージがあって、このイメージが頭の中に詰まっているのです。このイメージを持ったままで本当のことが分かるはずがない。このイメージとは違ったものを持たなければいけないのです。

人間が肉体的に存在していると考えている精神構造、そのイメージが間違っているのです。だから、霊的には死んでいるのです。生きていながら命が分からないのは、人間自身の精神のイメージが、根本的に間違っているからです。

地球はどこから来たのか。どうして存在するのか。これは色々な角度から考えられると思いますが、基本的なものを申し上げます。

地球存在が持っている習性、性格は動くという点にあります。生き物ですから動くのです。動くということは前進するということですが、前進するとはどういうことなのか。

端的に言いますと、地球は未来に向かって進んでいるのです。自転公転しているということは、地球は未来に向かって進んでいるのです。

人間の命はどういう性格で生きているのかと言いますと、皆様は好むと好まざるとに係わらず、知ると知らざるとに係わらず、未来へ向かって生きているのです。

人間は明日のことを考えなければ生きていけないのです。明日のことを考えるということが、生きているということです。人間は必然的に未来へ進んでいるのです。地球の生き方がそのまま人間自身の生き方になっているのです。

未来へ未来へ進んでいる。これはどういうことなのか。あるということはどういうことなのか。あるとはイズ（is）ということです。これが分からない。人間が考えているイズと、本当のイズとは違うのです。

人間は毎日見たり聞いたりしています。例えば、花を見るとしますと、花が咲いた過去を見ているのです。耳は過去の音を聞いているのです。人間の五官は過去を捉えることしかできないのです。本当の現在、本当の現前を捉えることができないのです。

現在と言いますと、もう過去になってしまうのです。現前を捉えるといいのです。仏法の聖道門に、「現前を得んと欲すれば順逆を損するなかれ」という文句があります。

現前が分からないのです。よほど空に徹して空を見ることができないと、現前は分かりません。

私たちは現前を見ていない。過去ばかりを見ているのです。皆様は何かを考える場合には、昨日までの経験、過去の経験に基づいて考えるでしょう。これは人間が死んでいる証拠です。

地球は前へ前へ進んでいるのです。皆様の霊魂は前へ前へ進んでいるのです。ところが、皆様の意識は過去に基づいて考えているのです。今までの経験に基づいてしか考えられないでしょう。

私がお話ししても、今までの皆様の人生経験とか、宗教経験に基づいてお聞きになっているでしょう。これが根本的に間違っているのです。

無為が分かっていないのです。無の働きが分かっていないのです。色即是空の空が分かっていないのです。皆様は自分が生きていると思っているのです。これが間違っているのです。これは悪い癖です。五十年生きてきたとか、六十年生きてきたとか、つまらないことを考えているのです。こういうことが頭にありますから、自分の前が見えないのです。後ろのことばかりを考えているのです。

そこで、人間が前を考える時に、後ろのことに基づいて前を考えるという条件になるのです。自分の経験に基づいて未来を考えるのです。これが皆様の霊魂が死んでしまう根本原因になっているのです。

これが命を知らない原因です。

地球はどこから来たのか。地球は未来のために造られたのです。イズというのはどういうことかと言いますと、ウィルビー（will be）を意味するのです。あろうとすること、あらんとすることを意味しているのです。

地球は前へ、前へ進んでいるのです。皆様の心臓は未来へ、未来へと動いているのです。ところが、皆様の意識は過去、過去、過去ばかりを見ているのです。

皆様の意識と生命の構造とが根本的に違っているのです。

人間はどこから来たのか。ウィルビーから来ているのです。未来を望むという原理から、人間は生まれてきたのです。地球は未来に向かって動いているし、皆様の霊魂も未来に向かって進んでいるのです。

皆様は未来を望むという原理から生まれてきたのです。未来を望むという原理から、約束という原理が生まれたのです。旧約と新約というのはこういうことです。

天地が存在する原理はウィルビーです。イズこそ、実はウィルビーを意味するのです。エイエイというヘブライ語は、今あること、過去にあったこと、未来にあらんとすることを貫いているのです。

エイエイ・アシュル・エイエイは、我は有りて在るものなりという原語のヘブライ語です。神はあらゆる時間、過去、現在、未来を貫いているのです。今あること、過去にあったことだけでなくて、あらんとすることが目的で、現在あるのです。

今あることはこれからあることを目的にしてあるのです。だから、今あるということがアイウィルビーになるのです。イズがアイウィルビーになるのです。

これは人間が生きていること、心臓が動いているという実体によって、掴まえることができるのです。こういうことを神を捉えると言うのです。

人間はどこから来たのか。約束から来たのです。

釈尊が明けの明星を見たのはどういうことかと言いますと、未来を見たのです。本当の仏法は未来を見ているのです。

本当の物の見方は、未来を見ているに決まっているのです。

4. なぜ死が怖いのか

人間が死を恐れるのはなぜかと言いますと、死後における霊魂の裁きを直感しているからです。潜在意識で直感しているのです。

潜在意識とはどういうものかと言いますと、フロイドは、「人間は無意識に性的な欲望に捉われている」と言っています。例えば、人間の金銭に対する欲望とか、地位や名誉に対する欲望の中に、根本的に潜在しているものは性欲だと言っています。これはそのとおりです。ちょっと考えますと、地位や名誉は性欲と関係がなさそうに思えるのですが、実は大関係があるのです。人間は生まれた時からずっと、性的衝動を敏感に感じているのです。

潜在意識はそういうものでありまして、自分の顕在意識に現われていない感覚を潜在的に感じているのです。人間が死が怖いというのは、人間の魂の奥底に、死んだ後に魂の裁きがあることを、魂は知っているのです。これが死が怖いと思う原因です。

人間の魂というのは、非常に鋭敏なものでありまして、顕在意識よりもっと精密に魂の生活をしているのです。人間の指の感覚は、一ミリの厚さを見分けることができるのです。

石を持つ時の握力と卵を持つ時の握力とは全然違いますが、それを使い分けできるのです。これが霊魂の働きです。魂の直感です。

魂は非常にデリケートな感覚で、真実を瞬間に把握するのです。

魂が死を怖れるというのは、人間の顕在意識ではなくて潜在意識によるのです。魂が分からないと潜在意識のことは分かりません。

潜在意識の当体は何であるのかと言いますと、霊魂の直感です。霊魂は死ぬことが一番困るのです。なぜかと言いますと、死後の重荷は全部霊魂にのしかかってくるからです。

生きている間は、人間の魂はいつも圧迫されているのです。人間は生活上の欲求不満とか、生きていく上での不安、いらいら、矛盾をいつも感じています。これが魂にのしかかっているのです。

霊魂と言いますが、霊と魂とは違います。霊は人間が生きている状態を指します。人生というものも霊です。人間が生きているという事がらが継続的に存在しているように思えるのです。生きているということが霊であって、これが継続しているように思えるのです。これが人生です。

魂というのは何か。人間であることの本性が肉体的に生きている機能が魂です。理性と良心の本源を魂と言うのです。

これは仏教的に言った方が分かりやすいと思います。仏教で本具の自性と言います。本具というのは元から備えているという意味です。生まれる前の人間の魂の実体です。生まれる前の人間の命の実質です。

命の種みたいなものがあったのです。これを大乗仏教では自性と言っているのです。自性が肉体をとって地上に現われた。これを生まれたと言っているのです。

生まれた状態がギリシャ語で言うプシュケーです。これが魂です。仏教には魂という言葉がありません。本具の自性の本体が何であるのかということの説明が、大乗仏教ではできないのです。神が分からないからです。

大乗仏教は無神論ですから、自性という言葉でごまかしてはいますけれど、自性の実体は何かが分からないのです。生まれる前の人間の命はどんな状態であったのか。これが仏教では分からないのです。仏教学者でも説明ができないのです。聖書を勉強しないと絶対に分からないのです。

神がなければ魂はあるはずがないのです。仏教では神を認めていません。密教には神みたいなものがあるのです。例えば、帝釈天があります。これは梵天と共に仏法を守護するという神です。毘沙門天も神です。

毘沙門天はインドの古代神話に登場してくるもので、ヒンズー教では、クベーラという財宝の神様だったのです。その後、仏教に帰依して世界の中心である「須弥山《しゅみせん》」を守る四天王の一つになったと言われているのです。

インドの神は日本の八百万の神とよく似ているのです。これはシャーマニズムでありまして、本当の神ではありません。真言宗では十二神将と言いますが、こういう神が仏様の番をしているのです。

大乗仏教にはヒンズー教の神とか、その他の神が随分入り込んでいるのです。インドに十三億の人間がいるとしますと、十三億以上の神がいるのです。人間の数よりも神の数の方が多いのです。それくらいに神が多いのです。

これは紙屑みたいな神でありまして、日本の八百万の神と同じようなものです。こういう神は人間がいくらでも造れるのです。乃木希典が乃木神社の神さんになっていますし、東郷平八郎が東郷神社の神さんになっているのです。

こういう神は人間がいくらでも造れるのです。こんなものは本当の神ではないのです。神は人間自身の本源です。人間の命の本源を魂と言うのです。存在の本源です。これを魂と言うのです。これが仏教では説明できないのです。

釈尊はこれをかろうじて感じたのです。明けの明星を見たという形で、かろうじて感じているのです。しかし、明けの明星が神であることが分からなかったのです。

大釈尊は神の本源を見たのですが、それが何であるか分からなかったのです。華厳経では大千世界の絢爛豪華な世界、毘盧舎那仏のすばらしさを説いています。大仏さんのすばらしさを説いていますが、これは神の国の説明をしようとしているのです。

聖書にある神の国の説明をしようとしているのですが、華厳経自身が、神の国が分からないのです。

神の実体はなかなか容易に分かるものではありません。難しいのですけれど、考え方によっては何でもないのです。

皆様は自分の考えを信じすぎているのです。人間の通念を信用しすぎているのです。だから、難しいのです。人間の通念を解脱する気持ちがありさえすれば、神を捉えることは何でもないのです。

皆様は自分の心臓が動いているという事実を経験しています。これが神です。花が咲いていることが神です。この神を捉えたらいいのです。

花が咲いていることが神であるという事実を、事実として捉えようとしますと、自分が持っている思想、概念を解脱する度胸がいるのです。この世で通念を解脱する必要があるのです。

皆様は現在命の実体を持っていながら、命が分からないのです。なぜ分からないのかと言いますと、今までの人間の常識、通念を持っているからです。

神とか命は教学や哲学ではありません。宗教でも分からないのです。神は宗教ではありません。哲学者や宗教家で、神が分かっている人がいないのです。

仏教には概念はありますけれど、真実が分からないのです。

自性の本体が魂です。人間は常識によって押さえ込まれているのです。社会常識、宗教常識によって魂が押さえ込まれているのです。魂はそれをはねのけようとするのです。けれど、常識が強すぎるのです。魂が弱すぎるのです。

魂はいつでも泣き言を言っているのです。これが欲求不満になって現われるのです。不平とか不満、不安、不信になって現われるのです。

魂は目を覚ましたいと思うのですけれど、現世の皆様の常識、知識が魂を押さえ付けているのです。だから、皆様の魂には本当の自由はありません。

死にたくないと思っていますが、死にたくないと思い続けることができないほど、皆様の魂は自由を奪われているのです。

死にたくないというのは本心ですが、これを思い続けることができないのです。皆様の魂はそれほど無力です。弱くなっているのです。その原因は何かと言いますと、皆様の常識が押さえ付けているのです。これが肉の思いです。

死んでしまうとどうなるのかと言いますと、魂だけが責任を負うことになるのです。死んでしまうと常識はなくなります。かわいそうなのは魂です。人間の責任を全部負わなければならないのです。そこで、皆様の魂は七転八倒の苦しみをすることになるのです。これが地獄の苦しみです。

皆様が今まで生きてきた記憶が間違っているのです。皆様の人生の記憶が皆様の魂の上に乗っかってしっかり押さえているのです。人間とはこんなものだ、世間とはこんなものだ、人生とはこんなものだ、命とはこんなものだ、神とはこんなものだという考え方が、魂をしっかり押さえつけているのです。

魂は生まれたての赤ん坊みたいなものです。皆様の人生の強大な記憶が、皆様の魂を締め上げて苦しめているのです。

この記憶を蹴飛ばしてしまうのです。これが涅槃です。五蘊皆空と言っているのです。人間がこの世に生きていることは全くインチキです。人間がこの世に生きていることがインチキです。だから、死に対しても大変な恐怖を感じるのです。

自分を解脱したいと思っているのは、魂です。ところが、自分の記憶がそれを許さないのです。何十年かこの世に生きてきたという記憶が、魂を押さえ付けているのです。自分はいないと思おうと思ってもできないのです。皆様の魂は半死の状態になっているのです。これを助けなければいけないのです。

本当の命はあるのですが、隠れているのです。これを見つけなければいけないのです。

5. ユダヤ教の宗教観念が世界の文明になっている

今の人間は死ぬために生きているのです。国家、社会はやがて潰れてしまうのです。文明は混乱するのです。記録は破るためにあるのです。

やがて、国も社会も、文明も潰れるのです。ところが、天皇制はそうではありません。文明が潰れた後の世界を救うためにあるのです。

地球にプラスのエネルギーが働いていますが、その正体が分からないのです。それに拮抗するマイナスのエネルギーがあるのです。プラスのエネルギーとマイナスのエネルギーに人格があるのです。人格においてプラスとマイナスが決定されるのです。

ユダヤ人が世界の中心になっているのですが、ユダヤ人の宗教観念が間違っているために、世界が潰れかかっているのです。

ユダヤ人が間違った宗教観念から覚醒すると、驚くべき世界になるのです。次元が違った歴史が展開するようになるのです。これが千年王国です。全世界に、千年間の絶対平和が実現するのです。

ユダヤ人の考えが壊されると世界が壊されるのです。約束の民であるユダヤ人は、こういう役割を演じるようにできているのです。これは良いとか悪いとかいう問題ではないのです。

ユダヤ教の宗教観念が現在の世界の文明になっているのです。学理学説がそうなっているのです。ノーベルというダイナマイトを発明したユダヤ人の莫大な遺産によって、ノーベル賞が創設されました。これが世界の学理学説の世界一を決定しているのです。

学問と経済を押さえることによって、世界全体を押さえているのです。これがユダヤ人の仕事です。これがマイナスのエネルギーです。こういうインチキなことが公然と行われているのです。

ノーベル委員会によって、世界の学問のあり方が決定されてしまうのです。人間の歴史の不思議さが、人間の人生の不思議さになっているのです。全世界を手の掌の上に乗せて説明できるものでなかったら、人間の魂の説明はできないのです。

こういう大きい話になると、皆様は理解できないのです。地球の森羅万象のあり方は、そのもの自体が大交響楽です。グレートシンフォニーです。すばらしいシンフォニーです。

あるというあり方、動いているという事がらも、すべてが大シンフォニーになっているのです。大交響楽になっているのです。これが、神の福音の展開です。この全部を知ることはできませんけれど、その中心に貫くメッセージは知らなければならないのです。

キリスト教とか仏教は、これが全く分からないのです。人間の歴史が展開している模様が正確に認識できますと、永遠の命とはどういうものかが分かるのです。今生きている自分がどういうものかも分かるのです。

皆様は世界歴史が展開しているという、その模様に対する正確な認識がないのです。だから、現在の天地創造がどういうものか分からないのです。

神が現在の世界を造ったことを第一創造と言います。第一創造の内容が分かると、人間の霊魂が分かるのです。これが分からないと新約聖書をいくら勉強してもだめです。

神が天地万物を展開している状態と、皆様の中で砂糖をなめて甘いと感じる感覚との間に、色々な問題があるのです。この全体を見通すような眼力がないと、本当の人間の命は分からないのです。

女が女であることが分からないといけないのです。人間は生きていながら、生きているということが分からないのです。内の光が、そのまま永遠の命になっていくのです（マタイによる福音書6・23）。これをイエスは証明したのです。

皆様の中に内の光があるのです。The light that is in theeとあります。光はあなたの中にあると言っている。これが神が人間に与えている光です。永遠の光です。これを一人ひとりの人間が持っているのです。持っているけれども分からないのです。文明がそれを完全に分からなくしてしまったのです。

文明、学問、宗教によって、全く分からないものになってしまったのです。人間の常識と学問とが分からなくしてしまったのです。

学問というのは実は宗教です。これはユダヤ人が造ったのです。ユダヤ教の宗教観念が、学問という形になって現われているのです。

ユダヤ人が考えなければ科学はなかったのです。政治や経済もできないのです。現代の科学、現代の経済は、すべてユダヤ人の宗教観念による産物です。ユダヤ人が潰れてしまうと、政治、経済、科学などすべてが潰れてしまうのです。こういう仕掛けになっているのです。

私たちがユダヤ人のために祈っているということは、現在の文明が早く潰れますように祈っているのです。

今の日本人は全く愚かです。命については何も知らないからです。現世でただ生活したら良いと考えているのです。

天皇制はのんびりしたものです。今の私の内容をアメリカでは言えないでしょう。ヨーロッパでも言えないのです。日本だけで堂々と言えるのです。その代わりにいくら言っても誰も反応しないのです。

今の文明が崩壊すればするほど、聖書の真理が表面に出てくるのです。人間は死ぬべきものではないという大変な真理が現われてくるのです。

人間は死ぬべきものではないということが、世界歴史の表面に現われてくるのです。これを私は願っているのです。これは肉体が死ななくなるという意味ではありません。魂が死ななくなるという意味です。

皆様はユダヤ人が目を覚ますように祈ってください。ユダヤ人に本当の命が分かりますように、人格がどういうものかがユダヤ人に分かりますように祈って頂きたいのです。

何回も言うことですが、今の人間は死ぬために生きているのです。人間が肉体的に死ぬということは当たり前のことです。肉体的に死なないということはあり得ないのです。どのように死ぬのかということが問題です。

もっと正確に言いますと、現在人間が生きていることが死んでいるということです。人間が死ぬに決まっているということは、生きていることが、既に死んでいることを意味しているのです。このことが今の宗教人に全然分かっていないのです。現在の人間は命の光を持っているのです。

イエスは言っています。

「目はからだのあかりである。だから、あなたの目が澄んでおれば、全身も明るいだろう。しかし、あなたの目が暗ければ、全身も暗いだろう。だから、もしあなたの内なる光が暗ければ、その暗さはどんなであろう」（同6・22、23）。

目の使い方が良ければ内の光が明るくなるのです。目の使い方が良いとはどういうことかと言いますと、英語ではbe singleという言葉を使っていますが、be singleという言葉の翻訳が難しいのです。この言葉をアメリカやイギリスではどのように教えているのでしょうか。

米国標準訳（American Standard Version）は非常に優れた訳ではないかと思われるので

す。

例えば、日本語で神を信じなさいと訳していますが、米国標準訳でhave faith in Godになっています（マルコによる福音書11・22）。これは神の信仰を持てという意味です。have faith in Godというのは、神における、神の中にある信仰を持てという意味です。これを日本語では神を信ぜよと訳しているのです。

神を信ぜよとは人間が神を信じることです。have faith in Godは神の内にある信仰を持てということです。

have faith in Christという言葉もあります。これはキリストの信仰を持てという意味です。この意味をキリスト教の牧師が全然知らないのです。

永井直治氏翻訳の日本語聖書では、神の信仰を持てと訳しているのです。キリストの信仰を持てと訳しているのです。

皆様が神の信仰を持たなければ聖書は分かるはずがないのです。

目の働きがbe singleであれば、whole bodyが見えてくるのです。whole bodyというのを全身と訳していますが、人間のあらゆるあり方が明らかになるという意味です。

あらゆるあり方というのは、生まれる前のあり方、生まれた後のあり方、死んだ後のあり方全体を指すのです。生まれる前の人生、生まれた後の人生、現世を去った後の人生と、三つの人生があるのです。この全体がホールボディです。

ボディとはあり方、状態を指すのです。人間が生まれる前の実体、現在の実体、死んだ後の実体が皆分かるのです。目の働きがビーシングルであれば、すべてが分かると言っているのです。

皆様が肉体的に生きていることが目の働きになっているのです。ビーシングルとは一つになるならとか、一本になるならという意味です。

人間が体で生きていることが目のような働きをするのであって、これがランプのようになるという意味です。目で見るのです。聞いてみるのです。味わってみる。手で触ってみる。人間の五官の働きは全部見ているのです。これがそのまま永遠の命になっているのです。

永遠の命が分からないという人は、目で見ていること、味わっていること、手で触っていること、食べていることが、何をしているのか分からないのです。

何を見ているのかと言いますと、一つのことを見ているのです。一つのことしか見ていないのです。食べている味のことも、目で見ている形や色のことも、聞いていることも、皆一つのことを見ているのです。これをビーシングルと言っているのです。

五官の働きが一つになって、人間が生きていること全体が一つのことになってしまうと、そこに命があるのです。しかも、その命は生まれる前の命です。生まれる前の命が、生まれた後の命になっているのです。

生まれる前の命が分かってくるのです。今生きているのは、今生きているのではないのです。生まれる前の命を今生きているのです。これが分かると、死んでからというのがなくなってしまうのです。今生きている命がそのまま永遠に続くのです。これが分かってくるのです。これが永遠の命です。

肉体的には死にます。これはあり方が変わるだけです。肉体的に生きないで精神的に生きることになるだけです。命には変わりはないのです。従って、心臓が止まって肉体的に生きていることをやめても、死ぬのではないのです。こういう命をはっきり持つことができるのです。

この命を皆様に差し上げようと思いますが、困ったことに皆様は今生きている命を信じているのです。皆様は自分が生きていると思っているでしょう。今生きている命を信じている人に、永遠の命を差し上げようとしても、受け取って頂けないのです。両手に花という訳にはいかないのです。

皆様がこの世に生まれて、固有名詞を与えられて、現世の教育によって与えられた命を捨ててしまわなければ、本当の命を受け取ることができないのです。

今生きている命を自分の命だと思っている間は、皆様の心が永遠の命を信じることができないのです。

信じるということは不思議なことで、人格とはどういうものかです。人格は信じるためにだけあるのです。皆様が自分を信じている間は、神を信じていないことになるのです。

二つの命を同時に信じることはできません。信じることが人格の唯一の機能性になるのです。信じることが分からない人は、人格を持っていても、人格の使い方が正解できていないのです。従って、人格の正解がなされていない人間は、死んでから地獄へ行くことになるのです。

正解していないということは、誤解しているということです。自分の人格を自分で誤解しているのです。

この世に生まれた固有名詞の自分がいると思っていることは、自分の人格を誤解しているのです。人格を誤解している状態でこの世を去ってしまいますと、大変なことになるのです。死ぬということは眠るということです。眠った者はやがて目が覚めるのです。眠った者は必ず目が覚めるのです。その時にびっくりするのです。

目が覚めた時に、この世と違う世界にいるのです。その時には第二創造の神の国が輝いているのです。

今皆様は第一創造の世界に生きています。第一創造の肉の世界に生きているのです。肉の創造というのは、霊の創造の試作品です。

人間も神も、上等なものを造る前に試作品を造るに決まっています。最初から上等なものを造ることはないのです。

人間の仕事は試行錯誤をするに決まっているのです。試行錯誤をしなければ仕事はできないのです。

神もたった一回ですけれど、試行錯誤をしているのです。光を昼と名付け、闇を夜と名付けた。これが試行錯誤の非常に明瞭な実体を示しているのです。

神は光であるのに、第一創造には闇が堂々と割り込んできているのです。プラスのエネルギーだけではなくて、マイナスのエネルギーが、この宇宙に割り込んできているのです。

光と闇が縄のようになって、現在の万物ができているのです。光と闇が混線しているのは、神の本当の創造ではないのです。

現在の創造は神の試作品です。これが第一創造と言われるものです。この第一創造の中へ、私たちは顔を出したのです。

第一創造は神の仮の創造です。神が小手調べに造った創造であって、本物の創造ではないことが分かった人だけが、第二創造に入ることができるのです。第二創造は、現在の物理的な地球が消滅した後にできる永遠無欠の霊理創造であって、聖書はこれを新天新地と言っているのです。

現世を去った者は、第一創造が終わるまでの間、眠っているのです。これが黄泉《よみ》です。第一創造が終わった時に、黄泉で眠っている人は全部復活します。ところが、以前に生きていた世界とは違います。

前に生きていた世界は光と闇があったのです。男と女がいたのです。嘘と誠があったのです。

一度死んだ者は必ず目を覚まします。その時には世界が全く変わっているのです。そこへ放り出されるのです。神の国へ放り出されるのです。女がいない世界です。闇、死がない世界です。そこへ放り出されるのです。

そこで困るのです。だから、女の人は現世にいる間に、本当のことを知った男の中へ入っておかないとひどいことになるのです。

新天新地には女はいないのです。必要がないからです。

現世はあらずもがなの世界です。こういうことが分かってくると善と悪はどういうものか、損と得とはどういうものか、霊と誠はどういうものか、肉と霊とはどういうものかが全部分かるのです。

これが皆分かっている人が今の世界にいないのです。聖書を長年勉強している人でも、本当に神の国が分かった人はいなかったのです。

とにかく、今生きている皆様は消えてしまわなければいけないのです。この世に生まれた人間、この世に生きていた人間、固有名詞を持った人間は、新しい世界に入れません。

この世界に入れる者は決まっているのです。その世界は生まれることもないですし、死ぬこともないのです。輝くような金殿玉楼の天、神の国、神の家と、地獄という火の池があるのです。光と闇がありますが、その時の闇は何の力もないのです。

地獄へ行った人は泣いてばかりです。永遠に悔やんでばかりの状態です。

今の人間は悔やむということを本当に知らないのです。皆様はまだ本当に悔やんだことがないのです。新天新地になると、悔やむとはどういう意味なのかが分かってくるのです。無念とも残念とも、例えようがない悔しさです。

皆様の目の働き、耳の働き、手の働き、舌の働きが何であるのか。皆様は五官という形で永遠の光をはっきり持っているのです。それを経験しているのです。

何十年もの間この世に生きていて、それをいつも経験していたのです。毎日、毎日、見たり、聞いたり、触ったり、味わったりしていたのです。これが何のことか全然分からなかったために、現世を去ったら、眠って黄泉へ行くことになるのです。

今までのような生き方をしていたら、そうなるに決まっているのです。

困ったことに、現代の教育は死ぬ人間のことばかりを教えているのです。そして、死ぬ人間ばかりを造っているのです。

死んでしまった人間、死んでしまうに決まっている人間の知恵、知識を教えているのです。これが正しいことだと言って教えているのです。

肉体的に生きている人間を、人間に違いないというように教えているのです。これがユダヤ教の宗教観念です。ユダヤ教の宗教観念は、肉体的に生きている人間しかいないと考えているのです。これがモーセの信仰です。

モーセの信仰が間違っていたために、四千年の間ユダヤ人が苦しみ続けているのです。未だに分からないのです。

ユダヤ人が分からないために、全世界の人間が盲目になっているのです。皆様は自分がいると思っていますが、その自分はユダヤ教の宗教観念が造った人間です。ユダヤ教の宗教観念が、そのまま皆様の人生観になっているのです。

ユダヤ教の宗教観念が皆様からなくならないと、イエス・キリストを信じることはできないのです。

この世に生まれた自分がいると考えている人は、イエス・キリストを信じることができません。

聖書の言葉は概念的に解釈してはいけないのです。例えば、「初めに神は天と地とを創造された」という言葉がありますが（創世記1・1）、創造されたとはどういうことなのか。神とはどういうものかを概念的に解釈してもだめです。ここが難しいのです。

聖書の言葉が私たち自身の命にならなければいけないのです。命になっているかどうかが問題です。理解するということと、その言葉の命を生きるということとは違うのです。

神を信じるということは、神の信仰を持つことだと論理的に理解しても、本当に神と同じ信仰が持てなければいけないのです。

神は全知全能ですから、神と同じ全知全能でなければならないのではありません。問題は神の信仰と同じ質を持ってほしいのです。量的には神と人間と同じになるまで学ぶということはできません。これは不可能です。

神の思想というのはだいたい信仰です。信仰が神の思想です。神の思想の働きと同じような種類に同化することができるのです。神の思想傾向と同じ思想傾向を、人間は持つことができるのです。

このことは皆様の前頭葉が知っているのです。皆様の前脳がこのことを知っているのです。神の人格と同じ質が前脳にあるのです。質的には神と同じことを考えられる能力が、皆様の前頭葉に与えられているのです。これはすごいものです。

この前頭葉にリビングのシールを貼り付けるのです。そうすると、生きていることがそのまま永遠の命になるのです。

前脳である額に、生ける神の印the seal of the living Godを貼り付けるのです。神が生きているその印を額に貼り付けるのです。そうすると、人々に命を与えることができるのです。皆様の考え方は、概念としては間違っていませんけれど、実体として命になっていませんから、宗教の一種の内容です。または文学の一種の内容です。

宗教や文学は霊ではありません。人間の常識である肉の少し上の考え方です。これを空と言うのです。空中の権を取る者というのはこういう考え方を言うのです。芸術性とか教育、宗教も空です。

空というのは人間の常識の少し上です。これは霊ではないのです。肉と霊の中間を空と言うのです。空は天ではないのです。

やがてキリストが再臨しますと、政治、経済、学問、文学、芸術、宗教といった空中の考え方が、すべてキリストに占領されるのです。

現在空中の権を取っている者は悪魔ですけれど、やがてキリストが空中に再臨しますと、現在の芸術とか政治的権力、経済的権力、法律的権力が皆キリストに押さえられるのです。人権も経済権も、土地の所有権もなくなるのです。

キリストが再臨しますと、地球上における人間の権利が全部なくなるのです。

人間はこの世で成功してもだめです。死ぬために生きているだけですから、この世に生まれた自分を脱ぎ捨てるのです。

毎日たくさんの車が走っていますが、皆理性によって運転しているのです。理性は神の言葉が人間の中に宿って、人間の精神状態の基礎を造っているのです。

人間の精神は神の言葉によって造られているのです。車を運転している人は、皆一つの理性で運転しているのです。大阪市内とか、東京都内にはたくさんの車が縦横無尽に走っています。ところが、事故が少ないのです。

日本中で何百万台という車が走っていますが、事故が非常に少ないのです。なぜ事故が少ないのかと言いますと、一つの理性によってすべての車が動いているからです。

左を走っている車も、右から来る対向車も、同じ理性で動いているのです。一つの理性で動いているために、世界全体の車がスムーズに動いているのです。非常に少ない事故で動いているのです。

これは人間ではなくて神の御霊が運転しているのです。誰でも皆自分が運転していると思っていますが、実は皆神の御霊が運転しているのです。皆一つの人格が運転していますから、運転している人の気持ちがお互いに分かるのです。

左右にいる運転手の気持ち、後から来る車の運転手の気持ちも分かるのです。これが神の御霊の働きです。

御霊は一つです。命は一つです。ところが、人間は一人ひとりが個別の命を持っていると思っているのです。これが間違いです。

命は一つです。信仰は一つです。バプテスマは一つです。一つの命に帰依するのでなかったら、絶対に救われません。

自分が生きているという考えはユダヤ教の考えです。これは宗教観念による考え方です。自分が生きているという考えが自我意識です。この考えを捨てなければいけないのです。

なぜなら、自我意識が皆様を殺すからです。近代文明は自我意識を拡大強化しようと考えているのです。死ぬに決まっている命を、おまえの本当の命だと盛んに押しつけているのです。これが基本的人権、民主主義思想になっているのです。

民主主義は非常に悪い思想です。死んでいくに決まっている人間に権利を与えるのです。こうすることによって政党が太る、金持ちが太ることになるのです。ところが、人間の霊魂はだんだん痩せていくのです。

人間の文明が盛んになればなるほど、皆様の自我意識が強くなるのです。人間は自我意識を強くすることばかりしているのです。これは恐ろしい文明です。皆様はお人好しですから、学校教育にすっかり頭を撫でられてしまっているのです。現在の政治構造や経済構造によって、自我意識が人間だと思い込まされているのです。

文明開化以前の日本人はこれほどお人好しではなかったのです。現世に生きている人間は、必ず死ぬものだということを知っていたのです。今の人間はこれさえも知らないのです。今の人間はこれさえも真面目に考えないのです。自我意識が人間だ、自我意識が自分だと、毎日毎日押しつけられているのです。新聞を読んでも、テレビを見ても、こればかりを教えられているのです。その結果、皆様の頭は固有名詞の人間、自我意識の人間という考えで固まっているのです。私はこれを叩き破っているのです。

全世界の文明の流れに、私は一人で喧嘩しているのです。文明構造は、皆様の自我を徹底的に強めようとしているのです。自我を向上させることばかりをしているのです。

文明構造、学問という思想によって、民主主義という人間本位の思想によって、人間の情操はほとんど死んでしまっているのです。

現代教育、科学教育、物理教育は、人間の情操を殺したのです。そのための教育です。情緒は死滅するまでにはなっていませんが、情操はほとんどだめになっているのです。

俳句をつくったり、歌を詠んだりすることは、かろうじて情操を保つことになりますから、せいぜいしたらいいと思うのです。

文明は人間を人権、人権と煽てあげて、現実主義の中へねじ込んでしまっているのです。霊的に見ることができないという個性を、人間に植え込んでしまっているのです。

ユダヤ教の宗教観念が、そのまま人間の中に乗り移っているのです。肉体的に生きている人間を認める気持ちは、モーセの信仰です。これがユダヤ教の原理です。仏教でもキリスト教でも、回教でもこの原理によって成立しているのです。

アラーは神だという考え方も、ユダヤ教から来ているのです。世界中の宗教は、肉体的に生きている人間を認めるということで一致しているのです。肉体的に生きている人間が幸せになろうとしているのです。これが宗教の第一目的ですが、この考えがユダヤ教の考えから来ているのです。

ユダヤ教の考えが文明構造の基礎になっているのです。肉体的に生きている人間を人間だと思えば思うほど、ユダヤ教的になってしまうのです。これがキリストを憎むことになるのです。

パウロは、「私は、キリストを十字架に付けることになるのです。キリストと共に十字架に付けられた。生きているのは、もはや、私ではない。キリストが、私のうちに生きておられるのである」と言っています（ガラテヤ人への手紙２・19、20）。

肉体的に生きている自分は、もはや死んでいるのだということが分かれば分かるほど、皆様は永遠の命に近づいているのです。

文明構造と永遠の命は正反対の方向にあるのです。このことをよく考えて頂きたいのです。永遠の命は間違いなくあります。これを掴まえなければ必ず死んでしまいます。人格は神のものです。自分が生きていると思う人は、人格を私物化しているのです。人格は神から貸し与えられたものです。これを自分のものだと思っている。これが恐ろしいのです。神の人格を人間が占領しているのですから、必ず地獄へ行くことになるのです。

そうして、人格が皆様を裁くことになるのです。火の池は人格が自分を裁くのです。だから、自分という思いは捨ててしまわなければいけないのです。

6. 宇宙の電気

皆様にお願いしたいことは、宗教観念的な考えから去って頂きたいということです。仏典に帰命無量寿如来という言葉がありますが、帰命というのは非常に良い言葉です。これを考えて頂きたいのです。

聖書の奥義は帰命することです。元々人間は地のちりであるものが形を与えられて、鼻から命の息を吹き込まれたのです。そして、生けるものになったのです（創世記2・7）。人間の霊魂の原形はリビングソール（living soul）でした。リビングソールであったものが死んでしまったのです。善悪を知る木の実を食べたことによって、死んでしまった。死んでしまった者が元の所へ帰るのです。これが帰命です。ところが、キリスト教ではどうして帰ったらいいのか分からないのです。

現在の人間と神の命との関係が、キリスト教では分からないのです。命を失ったということが分からない。そうして、現在の人間が完全に死んでしまっているということが、キリスト教では絶対に分からないのです。

キリスト教の人々は、現在の人間が神を信じる力を持っていると思っているのです。これは大間違いです。

現在の皆様の状態では神を信じる力はありません。御霊の助けによらなければ、神を信じることはできないのです。ところが、キリスト教の人々は神を信じることができると考えているのです。これは大間違いです。

御霊の助けというのはどういうことなのか、全く分かっていないのです。現在の皆様は神から切り離されているのです。現世に生きているということは、はっきり死んでいるということです。現世に生きている人間が、神を信じにくいとか、信じられないとか、聖書が分からないというのは当たり前のことです。死んでいるのですから、分かるはずがないのです。

死んでいる人間が、生きている人間の言うことを聞いて分かりにくいというのは当たり前のことです。

新約聖書の中で、ニコデモがイエスに、「先生、私たちはあなたが神からこられた教師であることを知っています。神がご一緒でないなら、あなたがなさっておられるようなしるしは、誰にもできはしません」と言っています（ヨハネによる福音書3・2）。ニコデモは自分でそう言いながら、何を言っているのか分からないのです。

キリスト教の人々は、イエス・キリストが主であると言っていますが、イエス・キリストが主であるとはどういうことなのか全く知らないのです。これは困ったことです。ニコデモと同じことをしているのです。

イエスが、「誰でも新しく生まれなければ、神の国を見ることができない」と言ったら、ニコデモは、「人は年をとってから生まれることがどうしてできますか。もう一度母の胎内に入って生まれることができましょうか」と答えたのです。
ニコデモの考え方は、今のキリスト教の人々と同じです。とにかく、現実の人間は自分の霊的状態が分からないのです。はっきり言いますと、皆様も自分の霊的状態を知らないのです。

皆様はこういう勉強会に出席しているという意味が分からないのです。皆様は自分で出ているると思っているでしょう。ところが、自分で出ているのではないのです。神の御霊によって出させられているのです。

皆様は自分で出席していると思っているでしょう。そういう考え方から改めて頂きたいのです。神の御霊によって出させられているのです。こういうことを根本から改めないと、聖書の真理を何回聞いても、本当に納得はできないのです。

皆様の現在の命は死んでいく命です。死ぬに決まっている命です。
命は口へんに令によってなっているのです。口は人口の口です。令というのは、天と地とによって、目に見える世界と目に見えない世界との区別がされている。霊なる世界と肉なる世界との区別がされているのです。

「初めに神は天と地とを創造された」と創世記の一章一節にありますが、これが令です。天と地があることを絶対条件にして、人間は生きているのです。

皆様は地上で有意識的な状態で生きていますが、現世に生まれてくる前のエデンで、無意識的な状態で罪を犯したから、今度は有意識的な状態で罪を罪と思うかどうかを神が見ているのです。最終的なテストを皆様にしているのです。

こういう勉強会に皆様が出席しているということは、皆様の力量ではないのです。神が皆様にそのように仕向けているのです。神の御霊に栄光を帰するかどうかによって、皆様の運命が決定するのです。

皆様は現在生きていますけれど、実は、皆様が生きているのではないのです。これは電気で言いますと、静電状態です。荷電状態と言ってもいいかもしれません。

静電状態はじっとしているのです。皆様の体の中は電気でいっぱいですが、じっとしているのです。ところが、宇宙全体は電気でいっぱいです。この宇宙電気に帰依するかどうか、帰命するかどうかが問題です。

宇宙の電気に帰命すると、宇宙の電気と皆様の命が一つになってしまうのです。イエスの状態は、宇宙の電気の受電状態だったのです。ところが、皆様は受電状態ではありませんから、命の花が咲いていないのです。

命の花を咲かすためには、御霊が絶対に必要です。御霊の媒介なしには受電状態にはならないのです。宇宙の電気の受電状態になりますと、宇宙の電気の中へ入って行けるのです。そうすると、死ななくなるのです。イエスがそれを証明してみせたのです。皆様もそれをして頂きたいのです。

宗教を信じている人々は、自分がいると思っているのです。自分が信じたら救われると思っているのです。こういう考えを捨ててしまわなければ絶対にだめです。

イエスは「私に来なさい」と言っています。私の所に来なさいと言っているのです。これは自分がイエスを信じるのではないのです。イエスの中へ皆様が入ってしまうのです。

皆様が私に質問されるその気持ちが間違っているのです。自分が生きていると思って質問しているからです。自分が生きているのではない、死んでいるのです。その意識状態を全部棚に上げて、黙って聖書を信じるのです。黙ってイエスが主であることを信じるのです。これをして頂きたいのです。

男の人はハートが分かっていないのです。ハートで神を信じるということが分かっていないのです。現在の皆様の状態は、マインドで聖書を勉強しているのです。

「自分の心で、神が死人の中からイエスを甦らせたと信じるなら、あなたは救われる。なぜなら、人は心に信じて義とされ、口で告白して救われる」とあるのです（ローマ人への手紙10・9、10）。

心に信じて義とされるというのは、ハートで信じて義とされるという意味です。これは今のキリスト教では絶対にできないのです。心で信じているキリスト教の信者は、一人もいないのです。

ハートで信じるとはどうすることか。これが難しいのです。もっともっと幼児になって頂きたいのです。

皆様がこの世に生まれた時には、死んでいるのです。これは創世記の第三章二十二、二十三節を読んだら分かるのです。神は人間を捨てたのです。人間を捨ててエデンから追い出したのです。

人間は悪魔のようになって、善悪の木の実を食べた。そして命の木の実を食べているようなことを言っているのです。キリスト教の人々がこれをしているのです。

善悪利害得失邪正を知った気持ちで、キリストの救いを考えようとするのです。だから、エデンから追い出されたのです。

キリスト教の人々は、自分が救われたいと考えて聖書の勉強をしているのです。これが第一に悪いのです。何よりも悪いのは、自分が救われたいと考えて聖書の勉強をすることです。創世記第三章の大鉄則に反するからです。

キリスト教の根本的な間違いはここにあるのです。自分が救われたいと考える。これが間違っているのです。「自分が救われたいと思う者は、必ずその霊魂を失う」と、イエスは何回も言っているのです（マタイによる福音書16・24〜26、同10・34〜39、ルカによる福音書9・23〜25）。

まず自分が救われたいと思うことをやめるのです。現在の人間は静電状態です。じっと死んでしまっている状態です。

この状態から抜け出して、宇宙の大電気の中へ入るのです。入りたいと考えるのです。宇宙には命が流れているのです。電気が流れているのです。この状態の中に入るのです。花が咲いている世界へ入れというのはこれを言っているのです。花が咲いているということがキリストの言葉です。この中へ入っていくのです。

そのためには、まず現在生きている自分を捨てることです。自分という意識を持ったままで、聖書を勉強することが間違っているのです。

日本は極東にあります。日本人は東の果ての民族で、世界で一番出来が悪い民族です。国体は世界で一番良いのですが、人柄が一番悪いのです。

日本人という人柄では、まともに聖書を信じることができないのです。いらいらして金儲けのことだけを考えているのです。

皆様がこの世に生まれたということが、死んでいるということです。日本人は死ぬために生まれてきたのであって、生きるために生まれてきたのではないのです。「武士道とは死ぬことと見つけたり」と言います。今の日本人は地獄へ行くために生まれてきたのです。これが今の日本人の運命です。救われたいと思うのはもってのほかです。こういうことを冷静に考えることが必要です。そうすると、御霊の助けを受けることができるのです。

御霊の助けがなければ、静電状態から受電状態になることはできないのです。

創世記の二章、三章は、五章、六章以下とは全然違う内容です。四章は譬話みたいなものです。カインの物語とレメクの物語は何を意味するかです。

地球構造はどういうものか。これが明らかにされたことが全くないのです。欧米社会、キリスト教社会において、本当に創世記の二章以下の意味が、明らかにされたことがないのです。虹の契約という意味が全然分かっていないのです。

創世記の一章から十二章までの状態は、全く白紙のような状態になっているのです。キリスト教では正しく読まれたことがないのです。

創世記の一章は、多分預言者のネヘミヤが書いたのではないかと思われるのです。トーラーと言われるモーセの五書（創世記、出エジプト記、レビ記、民数記、申命記）はモーセが書いたでしょう。そこには、現在の創世記の一章がなかったのです。創世記一章一節から二章の四節までを抜きにしたのが、モーセが書いた創世記です。ユダヤ人はそういう見方をしていたのです。

だから、現在の創世記の一章、二章、三章の全体を通観して考えるということがなかったのです。私たちが初めてしているのです。

創世記の一章が書かれたのはネヘミヤの時代です。ユダヤ教の信仰は、モーセのトーラーを基礎にしていますので、創世記を知らない信仰になるのです。私たちは世界で初めて創世記一章から三章までを本格的に勉強しているのです。だから、マインドで聞かず、ハートで聞いて頂きたいのです。

大学や教会で勉強している人はマインドで勉強しているのです。ハートでは全然勉強していないのです。だから、皆様はハートで見るということができないのです。これをよく考えて頂きたいのです。

日本の仏教で言いますと、親鸞は相当真面目な人でした。親鸞は人間の救いがなければならないと考えたのでしょう。ところが、親鸞の時代には日本に聖書がなかったのです。だから、抽象的な概念で色々と考えたということになるのです。

親鸞は自分自身の持ち前の中に、救われなければならないものがあることを直感的に感じたのです。ところが、それがどうしても分からない。分からないから悩んだのです。そうして、彼は宗教を出てしまったのです。自分が興した浄土真宗さえも捨ててしまったのです。だから、彼の晩年は仏教者であったのか、なかったのか分からないのです。

こういう親鸞は尊敬に値する人だとは思います。宗教を捨てた親鸞が本当の親鸞と言えると思います。しかし、宗教を捨てた親鸞に何が分かっていたのか。神が分かっていたのかと言いますと、分かっていなかったのです。御霊の導きのようなものを求めたのでしょうけれど、それは与えられなかったのです。

御霊の導きを求める縁を、彼は持っていなかったのです。現在の皆様のように、御霊の導きを求める手ずるがなかったのです。だから、御霊の導きを得ることができなかったのです。皆様は生きているという事実を、もっともっと見つめて頂きたいのです。現世に生きている人間は、死なねばならないものだということを、熱烈に考えることです。これをはっきり考えることです。

今の皆様の命は死ぬに決まっている命ですから、この命を捨てるのです。生きているうちに死ぬに決まっている命を捨ててしまうのです。そうしたら、死ななくなるのです。

今の命を握り込んでいると、そのうちに火の池へ放り込まれることになるのです。この点をよく考えて、できるだけ早く死ぬべき自分の命を捨ててしまうのです。自分を捨てて、十字架を負うということをして頂きたいのです。

自分をどうしたら捨てることができるのか。自分を理解したくらいでは捨てられないのです。親鸞は罪人である自分を理解したでしょう。だから、自分をいかなる行も及び難き身であると言っているのです。地獄一定の身であると言っているのです。これは救われようがない自分であるとはっきり言っているのです。

皆様も親鸞と同じように、救われようがない自分を知って頂きたいのです。この点は親鸞は偉いと思います。自分を地獄一定の身であるとはっきり言っているからです。

今のキリスト教の人々は、自分自身を地獄一定の身であるとは考えていません。今のキリスト教が一番悪い所は、神学校制度を造ったことです。これをしたら腐るに決まっているのです。

神学校を卒業した者が牧師になっているのです。これが非常に悪いのです。神学校は聖書の信仰を教えているのではない。信仰に関する教条、教義を教えているのです。

賀川豊彦氏は、日本だけでなく世界的に有名なキリスト伝道者ですが、彼はキリスト教の神学ばかりを説いていたのです。聖書の福音を全然説いていないのです。

賀川豊彦氏はキリスト教の教条の伝道者であって、聖書の伝道者ではないのです。この人が本当に聖霊を崇めていたら、もう少し正しいことが分かったかもしれません。青山学院という神学校が、こういう妙な人間を造ってしまったのです。

神学校を卒業すると皆そうなってしまうのです。神学校が中心になってキリスト教の集団ができているのです。教条を教えるのが神学校の目的であって、神学校を卒業した人が牧師になるのです。だから、キリスト教は教義を教える集団になっているのです。

本当の教会は信仰のグループでなければいけないのです。教条を信じるグループであってはいけないのです。ところが、今のキリスト教は、教条、教義を信じるグループになってしまっている。これがいけないのです。これは根本的に間違っているのです。

教義と信仰は全然違います。イエスが最も嫌ったのが教義です。今のキリスト教は教義ばかりを説いているのです。

イエスの奇跡は何であったのか。イエスはどうして水をぶどう酒に変えたのか。イエスの信仰はどういうものだったのか。私たちはイエスと同じ信仰を持てるのか。持てないのか。皆様はナザレのイエスと同じ信仰でなかったらだめです。私に来なさいとイエスが言っているのは、イエスの中に住み込んでしまうことを言っているのです。今のキリスト教はイエスが全然分かっていない。イエスの中に住み込むということを全然考えていないのです。だからだめです。

皆様は自分という人格を持ったままでキリストを掴まえようとしてもだめです。自分の人格を捨ててしまって、からっぽになってしまって、イエスの中へ入ってしまうのです。

イエスが「私に来なさい」と言っているのは、イエスにアバイド（abide）してしまうことです。イエスの中に入ってしまうのです。これが分からなければ、イエスの十字架が働かないのです。

イエスは、「自分を捨て、自分の十字架を負うて私に従ってきなさい」と言っています（マタイによる福音書16・24）。これは基本的なことです。こういう内容がキリスト教の神学にはありません。

自分を捨てなさいと言ったら、皆、教会に来なくなるからです。死んでしまうに決まっている自分を早く脱ぎ捨てるのです。罪人である自分を持ったままで、イエスを掴まえようとしてもだめです。

自分を捨てて、自分の十字架を負えと言っているのですから、これを実行して頂きたいのです。

自分が生きていたらだめです。生きているうちに自分を捨てるのです。そうしたら救われるのです。親鸞は地獄一定の自分をどうして捨てたらいいのか分からなかったのです。皆様は分かります。十字架を負ったらいいのです。何でもないことです。簡単です。

自分の十字架を負うというのは、罪人である自分が死んでしまうことです。これを実行するのです。そうすると、死ぬべき自分がなくなってしまうのです。死ぬべき自分が消えてしまうのです。

死ぬべき自分が消えてしまっても心臓は動いています。これが死なない命です。

皆様は自分が生きていると思っていますが、これは考え違いであって、今生きているのは自分ではないのです。生きている真髄はイエスと同じものです。

皆様という人間が生きているのではない。霊魂が生きているのです。目が見えること、耳が聞こえるのは霊魂です。霊魂が生きているのです。

五官の働きが生きている。これが霊魂です。自分が生きているのではないのです。霊魂の働きが見ているのです。聞いているのです。霊魂の働きが話をしているのです。

仕事をしたり、話をしているのは霊魂の働きです。霊魂の働きの実体がナザレのイエスと同じ命です。固有名詞の自分はどこにもいないのです。これをよく考えて頂きたいのです。

自分の思いを捨てるのです。「自分を捨て、自分の十字架を負うて私に従ってきなさい」

とイエスが言っているのを実行するのです。

五官の働きが皆様の実物です。五官の働きを掴まえたらいいのです。五官の働きさえ掴まえたらいいのです。これが霊魂で、これがイエスです。だから、イエスは「私に来なさい」と言っているのです。

固有名詞と霊魂は別人です。霊魂はイエスと同じです。人の子です。固有名詞の人間は死ぬに決まっているのです。イエスと同じ霊魂は絶対に死なないのです。

固有名詞の自分は本体ではありません。私の本体はザ・リビングです。これを私と考えたらいいのです。ザ・リビングはイエスと同じものであるのです。だから、私とイエスは同じ人間だということがよく分かってくるのです。

ここまで分かりますと、死ぬべき自分がなくなってしまうのです。これをイエスを信じるというのです。

自分を捨て、自分の十字架を負うというのは、マインドではできません。ハートならできるのです。

見ているのは固有名詞の人間ではありません。生まれながらの本性、先天的な本性が見ているのです。先天的というのは、生まれる前の自分です。固有名詞が付けられる前の自分です。これが見ているのです。これがイエスです。イエスを信じるとはこれを信じることです。

皆様は罪人であることをまずよく知ることです。死んでしまっている者であることをよく知ることです。そうすると、現世に生まれた自分が消えてしまうのです。

現世に生まれた自分が消えてしまわなければ、本当の自分を知ることができないのです。ここの所をよく考えて頂きたいのです。

輪廻転生を盛んに宣伝している宗教がありますが、これは最も悪い宗教観念です。輪廻転生を信じますと、真面目に聖書の勉強ができません。経典の勉強でも真面目にできなくなるのです。

永劫回帰という言葉がありますが、これは聖書全体のすばらしいスケールを現わしているのです。宇宙全体は回帰しながら上がっていくのです。回帰しながら永遠に進化発展していくのです。

これは転生とは全然違います。転生を絶対に信じてはいけないのです。すべてのものは神から出て神に帰る。これが永劫回帰です。これは輪廻転生とは全然違うものです。

聖書に次のようにあります。

「神は霊であるから、礼拝をする者も、霊と誠をもって礼拝すべきである」（ヨハネによる福音書4・24）。

神を誠に礼拝することができたら、その信仰はまともな信仰です。もし皆様が神を誠に礼拝していたらそれでいいのです。

霊と誠をもって神を拝するということは、キリスト教では全く分からないのです。キリスト教には誠の礼拝は全くないのです。全世界のキリスト教会が分からないのです。

キリスト教が間違っているというのは、キリスト教には誠の神の礼拝がないからです。霊と誠が分かっていないのです。

イエスは霊と誠をもって神を拝せよと、何でもないことのように言っていますけれども、これは簡単に分かることではないのです。霊で神を拝するとはどういうことなのか。

神は霊であるということは何とか分かるでしょう。霊なる神とはどういう神なのか。例えば今、ここに神がおいでになるに決まっていますけれど、どこにどうしておいでになるのか。

この説明がキリスト教ではできないのです。

キリスト教の人々は、神がどこにどうしているのか、さっぱり分からないのです。無礼千万な礼拝をしているのです。

神がいますことが分からないのです。あるということが神です。モーセが神に、「あなたの名前（実体）は何ですか」と聞いたら、神は「私は、有って在る者」と答えたのです（出エジプト記3・14）。これがユダヤ教もキリスト教も分からないのです。

聖書学者、神学者は、ヘブライ語の原典を引っぱり出して色々説明をするのです。しかし、霊的にまた、具体的には、有って在る者とはどういうことかの本当の意味が分からないのです。霊的に、魂的に正しく理解している人が全世界にいないのです。

私は神によってこれを教えられたのです。神が私の味方であることがはっきり分かるのです。従って、私は神の代理者としての役目を与えられているのです。神が私に神の名前を許しているのです。

私は宗教は間違っている、全世界のキリスト教は間違っていると、大それたことを堂々と言っていますが、神がそれを許しているからです。

「ある」ということが神です。人間の命があること、肉体があること、地球があること、皆様の目が見えること、手が動くこと、万物があること、地球があること、大自然があることが、神です。

神というのは電気の本家です。電気の本家である神が、人間を荷電状態にしているのです。それで人間は生きているのです。生きているということは荷電されていることです。人間の生活は、考えること、食べること、仕事をすること、肉体的にも心理的にも、すべて電気の働きです。これが神です。

宇宙構造は大きい電気です。人間は小さい電気です。大きい電気と小さい電気があるのです。大きい電気と小さい電気を一つにしてしまうと、死なくなるのです。この状態を、霊と誠をもって神を拝すると言うのです。

まず皆様に必要なことは、肉の思いを捨てて霊の思いで見ることです。

パウロは言っています。

「肉の思いは死であるが、霊の思いはいのちと平安である」（ローマ人への手紙8・6）。

肉の思いをやめて霊の思いを掴むのです。霊の思いを掴まえますと、固有名詞の自分という人間がいないことがよく分かってくるのです。

肉の思いとは何か。目で見ている地球がある。目で見えている物質があるというのが、肉の思いです。

目で見ているものは実体ではないのです。般若心経で五蘊皆空と言っていますように、目で見ているものは実在ではないのです。これは聖書の肉の思いは死であるということと同じ言い方をしているのです。

こういう本質的な土台を勉強して頂きたいのです。神学の勉強をするのではなくて、信仰をして頂きたいのです。神学の勉強は何年しても、何十年してもだめです。キリスト教の勉強を何十年してもだめだという意味はこういう理由からです。

神学ではなくて信仰が必要です。そのためには、肉の思いを捨てて霊の思いに立つのです。これをして頂きたいのです。

霊の思いを持つにはどうしたらいいのかと言いますと、生きているということ、リビングの直感がいるのです。

花を見てきれいだと思う直感の内容です。これが霊の思いです。人がいると思う直感です。これは一時間か二時間の説明をしても分かるものではありません。これは肉の思いを捨てて、霊の思いに移ろう移ろうと考え続けて、辛抱強く御霊の導きを求め続けていれば、御霊が必ず助けてくださるのです。

地球の働きがあるのではない。御霊の働きが地球の働きのように見えているのです。物理的な地球の働きがあるのではないのです。御霊の働きがあるだけです。

電気の働きが地球の働きになっている。電気というのは不思議なものです。これが御霊の働きです。マイト（might）という力があります。

パワー（power）というのは物理的な力を指していますが、マイトというのは霊的な力です。宇宙には霊的な力と物理的な力の二つが働いているのです。

パワーというのは物理的なもので肉なるものです。これは質的にはマイナスの力です。マイトはプラスの力です。宇宙にはプラスの力とマイナスの力があるのですが、これが電気の根源になっているのです。これを人間はエネルギーと言っているのです。こういうことが霊です。

プラスの力のリーダーシップを取っているのが御霊です。神が霊であるということの中には絶対的な宇宙構造が入っているのです。

固有名詞の自分がいる、肉体人間がいると思えるのは、肉の思いで見ているからです。本当は肉の自分はいないのです。これが分かりますと、霊なる思いで神を拝することができるようになるのです。

霊なる思いで霊なる神を拝するのです。これをして頂きたいのです。「霊の思いは命であり平安である」と、パウロが言っています。霊の思いを持つように勉強して頂きたいのです。これはキリスト教ではできません。キリスト教の人々は、自分が救われたいとか、人間が聖書を解釈しようとしていますが、これは根本から間違っているのです。聖書を解釈するのは神の御霊であって、人間が解釈してはいけないのです。

聖書の言葉は一つひとつ霊解すべきものです。神は霊ですから、これを拝する者も、霊と誠をもって拝すべきです。これをきちんと霊解しなければいけないのです。

キリスト教の人々は聖書の言葉を霊解していません。だから、いくら聖書を読んでも言葉の命を捉えることができないのです。

人間は罪人として生まれてきたのです。生まれた時から罪人です。自分が救われたいとか、自分を立てようとすることは、悪魔を立てようとしているのと同じ意味になるのです。

イエスはユダヤ人に向かって言っています。

「あなたがたは自分の父、すなわち、悪魔から出てきた者であって、その父の欲望どおりを行おうと思っている」（ヨハネによる福音書8・44）。

自分の意見を述べているのは、肉の思いをそのまま述べているのであって、これは嘘という本音を吐いているのです。悪魔の嘘という本音を吐いているのです。

皆様が意見を述べているのは、実は皆様の意見ではなくて皆様を動かしているものの意見です。イエスはそう見ていたのです。

皆様の背後には悪魔がついているのです。自分の意見を述べているつもりでも、悪魔の意見を述べているのです。悪魔の意見を代弁しているのです。すべての人間は悪魔の子です。

今生きている人間は死ぬに決まっている人間です。死ぬに決まっている人間であることをやめて頂きたいのです。皆様の魂は死なないものです。

命の息を吹き込まれて魂になったのが人です。だから、皆様の魂は神から吹き込まれた命の息であって、死ぬことができないのです。

人間である皆様は、八十年か九十年で死んでしまいます。死んでしまうに決まっている人間としての自分と、死ぬことができない魂の自分と、二重人格になっているのです。どちらを自分と見るかということです。これをまず考えて頂きたいのです。

死ぬのが自分だと考えるのなら、聖書の勉強をする必要はありません。死なないのが自分だと考えるのなら、一緒に聖書の勉強をしたらいいと思います。

自分を捨てよう捨てようとしてもどうしても捨てられない人は、一緒に聖書の勉強をしたいと思います。自分を捨てるために意見を述べている人は、長足の進歩を遂げることができるでしょう。魂が進歩するための勉強をしたいと思っているのです。

7. 帰命

宗教ではない聖書が世界の文明を支えている唯一の力です。これは文明だけではなくて、時間、空間の原動力となっているのです。あらゆることが存在することの力になっているのです。

存在するということが命の原点になるのです。その中に光るような、暖まるような、動くようなエネルギーが備わっている。これが命です。命の働きというものの原理をなすもの、原則になるものが存在するということです。

存在するということは老子の哲学で言いますと、すべて無の働きであって、無ということが存在の原点になるのです。

老子は、存在の原点になる無というものの正体が分からなかったのです。なぜ無の正体が分からなかったのか。無の働きがすべてを生み出す原則であると言っていますが、無とは何かという説明が、老子にはできなかったのです。

なぜできなかったのかと言いますと、神の約束が分からなかったからです。

存在の原点となるものが無です。無は人格を持っているものであって、無限であり、無窮であり、無尽蔵です。これが無の本体です。無限、無窮、無尽蔵の実体は何であるのか。これが言《ことば》です。言というエネルギーです。

ヨハネは次のように言っています。

「初めに言があった。言は神と共にあった。言は神であった。この言は初めに神と共にあった。すべてのものは、これによってできた。できたもののうち、一つとしてこれによらないものはなかった」（ヨハネによる福音書1・1〜3）。

無の実体は言です。言によってすべてのものが造られているのです。

人間は自分が存在するということにおいて、自動的にそれを経験しているのです。私たちが生きているということは、言の働きです。また、存在の働きでもあるのです。

人間が有形的に存在しているというのは、有の働きになるのです。有の働きというのは、滅びるための働きです。消滅するための働きです。

無の働きというのは生み出すための働きです。建設的にするための働きです。皆様は肉体を持って生きていますが、生きている人間が生きている状態に基づいて考えますと、必ず死ぬことになるのです。

肉体がある、世の中がある、国がある、地球がある、万物があるという気持ちで生きている人は、消滅するに違いないという方向に向かって歩いているのです。滅亡する方向に向かって歩いているのです。

無が働いて有ができた。有が働いてゼロになる。ゼロが働いて無になり、無が働いて有になる。このようにぐるぐると回っているのです。

人間の常識、知識は全部有の働きばかりです。人間は生きているという立場で考えるのです。日本という国があるという立場で考えるのです。社会がある。時間、空間がある。あるということを乗り越えて考えることができないような性格を持たされているのです。

この性格を持ったままで生きているのが、世間並みの人間の常識です。常識で生きることになりますと、人間は死ぬに決まっているのです。

生きているという角度で考えますと、自分の意識の状態がおのずから限定されてしまうのです。

自分がいると考えますと、自分の思想、自分の意識、考え方、すべてを限定しているのです。だから、自分がいるという気持ちがあるだけで、自分の中に閉じ込められて委縮しているのです。従って、神を信じることができないのです。命を見つけることができないのです。あるということを前提にして考えていますから、その人の気持ち、思考が自由闊達に働かなくなっているのです。宗教ではない聖書が分からない第一の原因はこういうことです。

自分がいると思っているのですが、自分はいないのです。人間がそう思っているだけです。

自分がいると思っているのは自分自身の肉の思いです。肉の思いでそう思っているだけです。

自分がいると思っている実体、実質は何かと言いますと、生きているという事がらが、自分という格好で現われているだけです。

生きているという事がらは老子が言う無になるのです。生きているということに目を付けて生きていれば、死なないのです。永遠に死なないのです。これは老子の哲学で考えても分かるのです。

生きていることの実体を見極めて生きていますと、その人は神と一つになって生きていることになるのです。だから、死なないのです。自分が生きていると必ず死にます。自分という有に基づいて生きていますから、死ぬに決まっているのです。

自分が生きているということほど愚かな考えはありません。自分は死ぬに決まっているのです。人間は死ぬに決まっている自分を信じて生きているのです。だから、間違いなく死ぬのです。

皆様は心臓が動いているから生きているのです。心臓が動いているのは目に見えることではないのです。目に見えないリビングという実体が人間を生かしているのです。こういう実体を捉えないで、人間が生きているという空体を捉えているのです。色即是空の空を捉えて、自分がいると勝手に思っているのです。勝手にそういう思いにはまり込んでいるのですから、必ず死ぬのです。

生きているという顕在意識に、皆様の潜在意識、深層意識は、いつでも反対しているのです。

皆様の良心、理性という聡明な意識は、皆様の常識や知識に対していつでも反対しているのです。ところが、皆様は常識によって良心を踏み潰しているのです。生きているという事がらで生きないで、自分が生きているという妄念で生きているのです。自分の良心や理性を踏み潰して肉の思いで生きているのです。人間の常識で生きているからです。

こういうことをしているから、宗教ではない聖書が信じられない状態になっているのです。宗教ではない聖書は何かと言いますと、生きていることを説明しているのです。命の現物をそのまま説明しているのです。ところが、皆様はこの世に生まれた自分がいると考えているのです。

生まれるという言葉の意味が分かっていないのです。生まれるというのは、自分自身の意志によって生まれるのです。生まれるというのは自動詞です。自分の意志によって生まれることを生まれると言うのです。

皆様がこの世に生まれたのは、自分の意志ではありません。だから、皆様はまだ生まれてはいないのです。生まれたいと思っていないのに勝手に生まれさせられたのです。生まれさせられたのであって、皆様はまだ生まれたということを経験していないのです。

皆様は自分の意志によって生まれたいと思ったことは一度もありません。ところが、生まれたと思っているのです。こういう訳が分からないことをしているのです。命のあり方が分からないから、こういう論理が不徹底な生き方をしているのです。

この世の中の通念によって、こういう訳が分からない生き方をさせられているのです。世間の人が皆そのように思っているから、自分もそう思っているのです。

世間の人が皆間違っているのです。だから、自分も間違ってもいいという理屈にはならないのです。世間の人が全部間違っていても、自分だけはそうではないと考えるべきです。

そういう気持ちにさえなれば、新しく生まれることはできるのです。そうすると、命が分かるのです。

イエスは生まれたとは思わなかったのです。イエスは実際に生まれていたのですけれども、生きているということを真正面から見たのです。

生きているということを真正面から見て、自分が生きているのではないことがはっきり分かったのです。神の内にいることが生きていることだと自覚したのです。これだけのことです。

皆様は現世に生まれたと勝手に思っています。そういう意識で生きていますと、自然にその人の気持ちは神の中にいなくて、神の外にはみ出しているのです。

生まれたという気持ちが既に神の外に出てしまっているのです。そこで死ぬのです。もっとはっきり言いますと、既に死んでいるのです。

皆様は自分が生きていると考え、生まれたと考えています。こういう意識によって、神から離れているのです。これを人間の業《ごう》と言うのです。

皆様が生きているというのは、生きているという原因があるはずです。皆様はどこから出てきたのか分からない、どこへ行くのか分からないのです。ところが、生きているのです。どこから出てきてどこへ行くのか分からないのに生きているのです。

命というのは無量寿になって現われるのです。これは純粋の命であって、自分が生きているとか、他の人が生きているというのではないのです。生きているというのは英語で言うと、ザ・リビングになるのです。

ライフはリビングの働きの一つの捉え方になるのです。リビングはライフを形造っている原点になるのです。皆様は生まれたいと思って生まれたのではありません。死にたいと思って死んでいくのでもない。

死んでいくのはどこかへ行くのです。いわゆる後生があるのです。死んだら追悼をしますし、墓を造ります。共産党で唯物論を信じている人間でも墓を造るのです。レーニンは世界一立派な墓を造ってもらっているのです。

マルクスも巨大な墓を造ってもらっているのです。首を晒した墓です。唯物史観の本家のようなマルクスでも、立派な墓を造ってもらっているのです。そのように、人間はどうしても後生を否定することができないのです。

死んでから何かがあると思えてならないのです。もし今生きている命が本当の命であると思えたら、死んでからというものはないはずです。

今生きている命が本当のものであるとしたら、後生はあるはずがないのです。ところが、皆様は現世に生きていながら、死んだら葬式をこのようにしてもらいたいとか、墓をどうするかとか、色々な注文をするのです。

小野小町は、死んだら野に晒して野良犬に食わして欲しいと言ったという話です。人間は死ぬということを、どうしても無視することができないのです。人間は現在生きていることが、今の全部ではないことを知っているのです。今生きている命は、全部の命ではないことを知っているのです。

命の一部しか経験していない皆様が、命の全部を知ったように思うのは無理なことです。そこで、帰命が必要になるのです。

帰命というのは命に帰ることであって、聖書的な言い方をしますと、信じるということになるのです。あるいは、従うということになるのです。

仏典に無量寿如来という言葉があります。無量寿ということは何か。人間は無量の命に生きているけれど、現在皆様が生きている命は、命の端くれです。命の端くれであって全体ではないのです。

その証拠に皆様の脳細胞の働きは、全体の十％以下しか働いていないと言われているのです。皆様は持って生まれた本当の命のすばらしさを、まだ経験していないのです。そういう脳細胞の使い方で、天地宇宙の真理が分かるのでしょうか。分からなければ、帰命するしかないのです。

帰命するというのは、黙って従うということです。分かったと思っても、分からないと思っても、今の皆様の頭の働きは知れたものです。そういう私自身がそうです。私の頭の働きは全体の十％以下しか働いていないのですから、私が分かったと思っても、分からないと思っても、どうでもいいのです。

無量寿ということが本当ですから、これを信じるしかないのです。

その次に如来を考えて頂きたいのです。人間は生まれる前に、命の当体を持っていたのです。如というのは真如の如であって、「真如の月《あか》りかげきよく　無念無想を感じるらん」という言葉があるのです。

如来というのは真如がこの世に現われたということです。皆様の命の本体は如来です。如来がそのまま現われているのです。

宗教ではない聖書で言いますと、インマヌエルということになるのです（マタイによる福音書1・23）。神が共にいるということです。

イエスは神が共にいるということを、そのまま生きてみせたのです。だから、イエス・キリスト如来と言ったらいいのです。イエス如来と言ってもいいのです。これが如来の本物です。

阿弥陀如来というのは、人間の思想による抽象概念の産物です。イエスというのは、生きている人間の命の本物をそのまま現わした本当の如来です。

阿弥陀とは無限、無窮、無際限を意味しています。無限、無窮、無際限の人格があってほしいという人間の宗教的な念願が、阿弥陀如来を造り出したのです。本当に実在した人物ではありません。

阿弥陀如来を信じるということは、宗教観念になるのです。イエスを信じるということは、宗教観念にはならないのです。イエスは歴史的に実在していたからです。

帰命無量寿如来という言葉は、実はイエス・キリストを対象にして見るとはっきり分かるのです。歴史的実体として分かるのです。

これはイエスだけではありません。皆様自身も如来です。ところが、皆様は自分が生きているという間違った思いのために、如来を絞め殺しているのです。如来である自分の命を自分で殺しているのです。

自分が生きていると思うから、勝手に苦労しているのです。

こういうことを言わなくても、ただ信じなさいと言えばいいのですが、日本人は本当に業が深い民族でありまして、イエスを信じるということに対して、極端なアレルギー感情を持っているのです。イエスアレルギー、聖書アレルギーを持っているのです。ばかげたことです。本当にばかげたことです。そうして、勝手に死んでいくのです。

キリスト教というのは欧米の宗教ですが、聖書は唯一無二の命の典型です。特に新約聖書は、イエスと人間との関係を歴史的に、科学的に、哲学的に記録しているのです。

ところが、日本人は自分が生きていると思っているために、どうしてもイエス如来に帰命することができないのです。自分が分からなければだめだ、自分が理解しなければならないと考えているのです。

自分は分かっても分からなくてもどうでもいいのです。皆様の頭は全体の十％以下しか働いていませんから、その頭で分かったと思っても、分からないと思ってもどうでもいいのです。

分からなくてもいいのです。帰命すればいいのです。信じたらいいのです。頭からイエスを被ってしまったらいいのです。パウロは「キリストを着よ」と言っています。頭からキリストを被ってしまうのです。そうすると、後から分かるのです。

無量寿如来に帰命したいが、どうしたら帰命できるのか分からないと言っていますと、五百年か、千年位の時間がいるでしょう。今の人間はそんなに長く生きられませんから、まず信じるしかないのです。

自分が生きているという気持ちが間違っているのです。天地の命が皆様という形で現われているだけであって、固有名詞の人間が生きているのではありません。だから、自分が分からなければならないと考えないで、素朴に頭から被ってやろうという勇気を持って頂きたい。一度ばかになったつもりでしてみるのです。そうすると、分かるのです。

料理を与えられたら、人々はどういう味がするのか分からなくても、そのまま食べるのです。一体どういう味がするのか。味がよく分かったら食べてみようと考えたら、なかなか食べられないのです。おいしそうだと思ったら食べたらいいのです。そうしたら、味が分かるのです。

自分の命があると思っている人はイエスを信じていない人です。自分の命があると思っている人は、天地の命を自分が抱き込んで私物化しているのです。そういう人は無量寿如来に帰命することはできません。

命を神に渡すのです。渡すというと、家を渡す、貯金を渡す、財産を渡して、自分がからっぽになるように思えるのです。ところが、そうではないのです。その反対です。渡してしまうと神の命が入ってくるのです。

無量寿如来に帰命すると、無量寿如来の命がそのまま自分の命になるのです。少しも損をしないのです。

神を信じるということは、神の実物を自分がもらってしまうということになるのです。「神を信じる者には、神自らが報いとなってくださる」とあります（ヘブル人への手紙11・6）。

神を信じるということは、神をもらうことです。これをパウロが言っているのです。皆様の現在の考え方がどういうものかを反省して頂きたいのです。

ある小学校の四年生の女の子の話ですが、テレビがとても好きで学校へ行く時以外は、テレビの前に座ってじっと動かないのです。学校だけは行きますが、それ以外の時間はずっとテレビの前に座って見ているのです。

友達が来ても遊びに行かないのです。とにかくテレビを見ていることが楽しくてテレビの前から動かないのです。テレビ中毒になっているのです。

皆様も同様の傾向があるのです。皆様はこの世にオギャーと生まれました。生まれてからずっと見続けているのです。現象世界、現代文明、現代社会というテレビの番組をずっと見続けているのです。

肉体人間がいるというテレビ、時間、空間があるという番組、無の働きが有となって現われているという、有の働きばかりを見ているのです。だから、皆様の頭の働きは有の働きばかりです。自分自身を滅ぼしてしまうような感覚ばかりで見ているのです。

すべての人間は自分が生きている、自分の家庭がある、自分の仕事がある、自分の財産がある、自分の事情境遇があると思い込んでいるのです。

皆様はこの世という番組を見過ぎているのです。五蘊皆空、色即是空という釈尊の忠告に耳を傾けようとしないのです。般若波羅蜜多という非常に親切な、適切な忠告に対して、全然聞こうとしないのです。

テレビの番組の内容は人間文明ばかりです。死ぬべき命ばかりを与えているのです。死ぬべき人間の祭りばかりをしているのです。この世のできごとばかりを放映しているのです。おまけに皆様は、自分は日本人だと思い込んでいるのです。日本社会があると思い込んでいるのです。現代文明があると思い込んでいるのです。これは皆テレビの影響です。現象世界は神のトリックであって、神は現象世界を造ったけれどこれを認めていないのです。

神は現象世界を造ったけれど、現象世界を造ったのではなくて、この世を造ったのです。ゼネレーション（generation）を造ったのです。これを人間は、神が天地万物を造ったと考えているのです。だから、天地万物があるものだと思い込んでいるのです。

大体、国でも、文明でも、社会でも、人間のためにあるのです。文明は人間のためにあるのです。人間が文明のためにあるのではありません。だから、人間は文明の奴隷になる必要はありません。日本という国の奴隷になる必要もないのです。

日本という国が滅んでも人間はいます。太平洋戦争で日本は負けましたが、日本民族は生き残っているのです。

国滅んで山河あり、国滅んで人間ありです。人間も山河も滅びないのです。日本の政府も本当の人間性を考えて、人間性を生かすような感覚を持てばいいのです。

日本の政治が悪いからと言って、皆様の魂までそれに捉われる必要はありません。肉体生活においては、国に税金を捧げなければならないのですが、霊魂まで従う必要はないのです。

霊魂と国は関係がありません。霊魂は文明にも関係がありません。生活は生活、霊魂は霊魂と分けて考えたらいいのです。

聖書を勉強していながら神に自分の命を渡していない。自分の命は命として自分がしっかり持っているのです。これではとても神を信じることはできません。イエスが主であると聞いても絶対に実行できないのです。

分かったら信じよう、分かったら信じようと思っているのです。これではだめです。帰命無量寿如来を実行していないからです。

国、社会、文明は肉体人間のためにあるのであって、肉体がある間に、肉体的に付き合ったらいいのです。霊魂は、国にも、文明にも従う必要はないのです。

人間はテレビを見過ぎているのです。皆様は現象世界にうつつを抜かしすぎているのです。現象世界を信じ込みすぎているのです。親子とは何かを知らずに、親子の関係を信じすぎているのです。夫婦とは何かがさっぱり分からないのに、夫婦の関係を信じすぎているのです。信じてもいいのですけれど、その意味を弁えてほしいのです。

現世のことは言われなくても信じているのに、神を信じよと言われると信じないのです。皆様は常識でも、自分の考えが不完全であることくらいは分かるでしょう。国家、社会、文明に皆様の意識が巻き込まれているのです。文明に引きずられてしまっているのです。これをばかなことだと思いませんか。テレビの見過ぎです。小学生四年の女の子がテレビていなければ楽しいと言っていましたが、皆様は現世さえあれば、命はどうでもいいと思っているのではないでしょうか。

現世の生活さえあれば命なんかどうでもいい。皆様の常識、知識は、現世に生きている間だけしか通用しないのです。皆様は必ず死ぬのです。死んだ後のこと、後生を真面目に考えてください。

誰でも後生を考えない人はいません。共産主義者でも、無政府主義者でも、後生を考えない人はいません。人間は後生を考えざるを得ないのです。口には出さなくても心では考えているのです。

自分の命は現世限りのものだということを、よく知っているのです。そこで、命の見方を変えてしまうのです。そうしないと、今生きている命が極端に拘束され、圧迫された状態で続いていくのです。

人間は現世を去ったら黄泉《よみ》にいくのです。魂は黄泉に行ってしばらくは眠っていますが、やがて魂が審判されて、地獄という恐ろしい所へ行くのです。魂について勉強していない人は、恐ろしいことになるのです。

今の皆様は脳の働きが全体の十％以下ですから、何も知らないで通るのです。ところが、現世を去ったらそれでは通らないのです。

皆様がキリスト教ではない聖書、宗教ではない聖書を本気になって勉強すれば、命のことはすべて分かります。だから、まず帰命することです。帰命したいという決心をするのです。決心をしたらできるのです。

皆様がこの世に生まれたのは、考え違いの世界へ放り込まれたのです。肉の思いの世界に放り込まれたのです。これが業《ごう》です。

この世に生まれたということが、考え違いの世界へ放り込まれたということです。肉体的に生きているということが、考え違いばかりを毎日続けているということです。考え違いを毎日強制されているのです。

皆様はやってはならないことをしたり、見てはいけないことを見ているのです。これが人間の業《ごう》です。この業が分かりますと、現世に生きていることを逆に利用することができるのです。

肉体的に生きているということを逆に利用すると、神がどんどん分かるのです。生まれたままの気持ちで生きるのと、心を新しくして生きるのとでは、全然生き方が違ってくるのです。

現在の人間の考え方の間違いくらいは、百人が百人、千人が千人共知っているのです。知っていながら改めないのです。なぜ改めないのかと言うと、世間があると思っているからです。

人間は世間を頼りにして生きていますけれど、死んでしまうと世間が消えてしまうのです。

自分一人になるのです。全くの孤独になって暗い所へ放り込まれるのです。

イエスは幼子になれと言っています。幼子になることは、誰でもやろうと思えばできるのです。大人は自分の意識で分かったとか、分からないとか判断しますけれど、大人の考え方は、業の塊の考えです。

この世の考えがそのまま大人に乗り移っているのです。この世の霊が乗り移っているのです。この世の霊というのは社会通念とか学問的な考え方ですが、これは狐付きのような形で大人に取りついているのです。

先日ある大学の教授と話をしていましたが、学問的な話を長々と話していました。そういう学問的な知識が命について何の役に立つのですかと聞きますと、全く説明されませんでした。

これから地球は五十億年も存在するという学説があるようですが、そういう学説が人間の本質に何の役に立つのかということです。

大学教授は、この世の霊に取りつかれている狐付きみたいなものです。この世に長く生きていた人は、この世の霊に取りつかれているのです。だから、分からない、分からないと思える自分をやめて頂きたいのです。

色即是空は難しい、五蘊皆空は難しい、般若波羅蜜多は難しいと考えます。難しいと考える自分は、この世の亡霊に取りつかれているのです。

この世の人間の霊は亡者の霊です。死んでしまうに決まっている人間の霊です。亡者に取りつかれている自分を自分と思うことをやめるのです。二十歳、三十歳の人はまだいいのですが、五十歳以上の方は、亡者の霊に取りつかれているのです。

基本的人権というのは、全くのこの世の幽霊です。ユダヤ人が造った幽霊です。自由、平等、博愛という幽霊です。これを信じているのです。人類はユダヤ人が造った亡霊を、信じて拝んでいるのです。だから、家庭内暴力、校内暴力、社会的暴力が起きるのです。

大人の霊はだめです。文明の霊、文化の霊はだめです。これをやめて幼子に帰る気持ちを持って、素直な気持ちに帰ってください。そうすると、恐れなくして神を信じることができるのです。

般若心経ははっきりこの世の霊を否定しているのです。釈尊の悟りを踏まえて聖書を見ればすぐに分かるのです。

とにかく年配の方は危ないです。六十歳、七十歳以上の方は危ないのです。とても危ないです。今までのこの世の記憶、経験をしっかり握っているからです。今までの記憶、経験は命のためには何の役にも立ちません。

この世に生きていた自分ではない、もう一人の自分を見つけるのです。魂である自分を見つけるのです。

この世に生まれたのは業を経験するためですから、この業を果たして頂きたいのです。魂であるもう一人の自分を見つけることが、業を果たすことになるのですから、是非もう一人の自分を掴まえて頂きたいのです。

8．イエスの実体

日本では、般若心経を仏教のお経として扱っているのです。これは根本的な誤解です。それなら法華経でも同様ではないかと言われるかもしれませんが、法華経の冒頭には如是我聞と書いているのです。

般若心経は第一結集、第二結集を貫いている基本思想です。般若波羅蜜多が仏法の基本思想になるのですが、これが分からないのです。

仏教と仏法は根本的な違いがあります。仏法というのは、般若波羅蜜多を提言しています。般若波羅蜜多そのものが仏法です。

法を見ること、悟ること、そして、それを生きることを仏法は狙っているのです。

仏教は違っています。仏教は人間にアピールすること、人間を何とかすることが仏教の狙いです。

般若心経は冒頭から観自在菩薩と言っています。これは如是我聞ではありません。普通のお経は皆如是我聞で始まっています。阿弥陀経でも無量寿経でも、皆、如是我聞と言っています。

如是我聞とは、私はこのように聞いたということですが、般若心経は最初から観自在菩薩と、菩薩名を名乗っているのです。これはこう聞いた、ああ聞いたではなくて、観自在菩薩の直感がこれだと言っているのです。これは般若心経独特の書き方です。だから、般若心経は仏教ではないと言えるのです。

仏教寺院が般若心経を用いますと、皆、抹香臭いものになるのです。だから、本当の般若波羅蜜多が今の日本には全くありません。

仏教を越えて仏法を見る。外から仏教を見ることができないのです。空海でも大変な考え違いをしてるのです。

空海という男は大体インチキです。キリスト教や仏教を適当に混ぜているのです。顕教でも密教でも、生きている人間を対象にして説いているのです。法華経でもこういう傾向があるのです。

ところが、般若心経は生きている人間を相手にしていないのです。ここが般若心経の良い所です。現世の人間を相手にしていないのです。

日本人は般若心経が大変好きで、読んだり写経したりしていますけれど、本当の般若心経の受け取り方を知りません。これをよく考えて頂きたいのです。

高橋信次氏が般若心経について書いていますけれど、彼は般若心経の内容をよく知らないようです。般若波羅蜜多を全く知らないのです。彼岸へ行ってしまうことが分かっていないのです。

こちらの岸から般若心経を見ているのです。こちらの岸から般若心経を見ていますから、輪廻転生が問題になるのです。

彼岸へ渡ってしまいますと、輪廻転生というばかなことを考えるのは、こちら側の岸にいる証拠です。そういうことを考えません。

高橋信次氏の目的は正しく生きることです。四諦八正道が目的です。正しく生きることが般若心経の目的だと言うのです。彼は正しく思い、正しく考え、正しく生きることを提唱しているのですが、般若心経はこれを否定しているのです。

般若心経は十二因縁と四諦八正道を否定しているのです。無無明亦無無明尽　乃至無老死亦無老死尽とは、十二因縁を否定しているのです。無苦集滅道というのは、四諦を否定しているのです。四諦を否定したら自然に八正道は否定することになるのです。

八正道についてては般若心経は直接言及していませんが、無苦集滅道という言葉によって十分に分かるのです。

般若心経は大乗仏教の唯識論の中心を否定しているのです。だから、般若心経は宗教ではないと言えるのです。

般若心経にかかったら大乗起信論などは問題にならないのです。人間は無明煩悩から出発したと書いていますが、それを般若心経は否定しているのです。

般若心経を知らない人が、般若心経の講義をしたり書いたりしているのです。そこで、間違ってくるのです。

日本の新興宗教はこの世の霊を言っています。死んだ祖先とか親のたたりがあると言うのです。悪い病気になったり家に災難がありますと、死んだ人のたたりだと言うのです。こういう宗教がはやるのです。

これにはからくりがありまして、死んだ人の霊がたたるということはあるのです。新興宗教は死んだ人がたたると言いますけれど、観点が低いからだめです。スケールが小さいのです。

般若心経の観点で見ると分かるのですが、新興宗教の指導者の観点が低いのです。現在生きている人間の角度からだけしか考えられないのです。老子のような傑物でも、現世に生きている人間を人間だと思っていたのです。孔子も孟子もそう考えたのです。

中国の哲学の根本は、現世に生きている人間を人間として確認しているのです。現世に生きている人間を人間だと思い込んでしまいますと、死んでしまうのは仕方がないと思えるのです。

死んでしまうことを承知しない。これが本当の生き方になるのです。死んでしまうことが誠に残念だ。人生はこんなものではないはずだという考えになるのです。これを現世の人間が考えていますと、この考えが障壁になって向こうへ出られないのです。

棒高跳びの棒の長さが短いのです。だから、高いバーを跳び越せないのです。

親鸞も道元も、空海も最澄も、皆間違っているのです。それは本当の仏法を知らないからです。釈尊の仏法と、空海、最澄の仏法とは違います。今日本で、私のような考えは通用しないのです。

皆様には通用するでしょう。日本が始まってから私のような発言をした人はいないでしょう。

本当の意味での釈尊の思想は日本にはありません。親鸞でも道元でも、法然でも、白隠でも相当良い所まで行っていますけれど、やはり、現在の人間が解脱したという程度のものです。本当の命を掴まえていません。

釈尊の悟りというのは、明けの明星を見ている悟りです。明けの明星を見ることが今の仏教では全然できていません。分からないのです。

明けの明星が説明できるお坊さんが、日本にはいないのです。仏教大学の教授でもできないのです。仏教しか知らないからです。

明けの明星は聖書に関係があるのです。仏典と聖書の両方を詳しく勉強した人が日本にはいないのです。私の勉強は不十分ですが、仏典と聖書の両方を勉強して分かったのです。

五蘊皆空、色即是空を仏教としてではなく、生命観という角度から見て頂きたいのです。

皆様が現在までに勉強した宗教とか、世界観、価値観は現世の人間が考えることです。現世の人間が考えることでは、結局死ななければならないことになるのです。

命の実体が分からないからです。皆様が生きている霊は先祖がたたっている霊ではないのです。生きている霊です。これは命がそのまま働いている霊です。命が働いているということが、現在までの日本人の哲学では分からないのです。西洋哲学でも分からないのです。ドイツ観念論でも、命が働いていることが分からないのです。

新約聖書を読むと初めて分かるのです。生きている霊（生霊）と死んでいる霊（亡霊）とがあるのです。人間の常識は亡霊の類です。

皆様はまだ本当の命を知らないので、皆様の霊は亡霊になっているのです。本当の命が分かると初めて生霊になるのです。生霊になりますと、先祖代々の霊がたたれなくなるのです。亡霊は位が低いですから、生霊という位が高いものにたたることは絶対にできません。皆様は既に生霊になっていますが、常識に捉われているために、それを悟ることができないのです。

皆様の考え方の次元が低いのです。スケールが小さいのです。地球が何のために造られたのかということを勉強しなければならないのです。天地創造の原理が分からないから、人間の生命原理が分からないのです。

本当の生命原理を掴まえた人は、今まで日本には一人もいなかったようです。

生きている霊とは何かと言いますと、太陽が輝いていることです。これが本当の命の実体です。地球が自転公転しているエネルギー、プラスのエネルギーの根元が命です。

命というのは活動の生態から言えば命になりますが、人格的に言えば神になるのです。これが太陽を太陽としているのです。これが神の名前です。

人間を人間としているもの、人間が人間であることが神です。であるということが神です。であるということが、アイアム（I am）ということです。これが日本で説かれたことがないのです。世界でも珍しいのです。

イエスは神を実証しました。パウロはそれを演繹したのです。ペテロやヨハネがいますが、脇役になるのです。パウロが新約聖書の中心になっているのです。

イエス自身は何も書いていません。ただ実験して見せたのです。

パウロの思想がキリスト教では全然分かっていないのです。世界中のキリスト教は全部嘘です。パウロが分かっていないからです。

先祖の霊がなぜたたるのかと言いますと、今まで死んだ人間は、人生の実体を掴まえずに死んでいるからです。本当の人生の実体を掴まえて死んだ人間は、日本には一人もいないのです。親鸞も法然もだめです。日蓮も道元もだめです。なぜかと言いますと、イエスの実体が分かっていなかったからです。

イエスが日本にやってきたのは新約聖書が日本で解禁された時です。イエスが日本に上陸したのは明治二十七年頃です。それまでは日本では新約聖書を読むことが禁止されていたのです。

明治十八年頃には新約聖書が日本で翻訳されているのです。元約聖書がそれです。改訳聖書は明治四十二年に訳されているのです。

口語訳聖書はごく最近の訳です。ラゲ訳聖書がありますが、カトリックの神父さんが訳したものです。これはカトリックだけで使っています。プロテスタント教会は使っていません。日本では明治十八年に元約聖書ができましたが、公には認められていなかったのです。

キリスト教というのは完全に西洋の宗教です。キリスト教をいくら信じても、聖書の本当の内容は絶対に分かりません。命は分かりません。死んでいくに決まっている人間は亡霊です。人間の常識、自我意識を信じている人間です。これは死んでいく人間です。

ところが、皆様の中に命があるのです。これは本当の霊です。皆様の中にある五官、見る力、聞く力、嗅ぐ力、触って分かる力、味わう力が本当の霊です。これを自分の命として自覚している霊が生霊です。

人間がこの世に生きていることが霊です。生霊です。人間が生きている状態を霊と言うのです。

皆様は生きているという状態はありますけれど、自分が生きている状態を悟っていないのです。自分の霊が分かっていないのです。

霊とは何かと言いますと、五官の働きの根元をなすものです。一つの霊が五つに分かれて五官になっているのです。根源の霊が分かりますと、健康状態がとても良くなるのです。霊が分からないので病気の根源が分からないのです。

イエスはどんどん病気を治しています。霊が良く分かっていたからです。私は病気を治すことをしません。もし私が病気を治したら、マスコミで大評判になって、病人が押し寄せてくるでしょう。そうすると、霊魂の救いが消えてしまうのです。

病気が治っても、その人はやはり死んでしまいます。私の目的は皆様の霊魂を死なない世界へ移してあげることです。死ぬべき状態から死なない状態へ移してあげることが、私の仕事です。

皆様は現在飲んだり食べたりしていながら、それがどういうことなのかを知らないのです。鼻から息を出し入れしていながら、何のことか分かっていないのです。

鼻から息を出し入れしているということが霊です。生霊の根源です。これが五つに分かれていることを五官と言うのです。

死んだ人がなぜたたるのかということです。死んでいく霊魂が本当に悟るべきことを悟らず死んでいくのですから、自分の命がどういうものかを見極めない状態で死んでいくのです。そこで、自分の息子か娘のこれはと思う魂に寄りかかって死ぬのです。

寄りかかられた霊魂が霊魂の本体を見極めて、先祖代々の霊を背負ったらいいのです。先祖代々の霊が気になっているのは、残しておいた家族や財産ではなくて、自分自身の魂のことです。

人間は死んでいくことが気持ちが悪いのです。人間が生きているということはカルマですが、カルマというのはノルマです。果たさなければいつまでもたたるのです。業を果たしてしまわない者は、とことんたたるのです。なぜたたるのかと言いますと、天地創造の原理をお話ししなければ分からないのです。なぜ地球ができたのか。太陽系宇宙とアンドロメダ星雲の宇宙とは、宇宙が違うのです。なぜ違うのか。こういうことを勉強していきますと、はっきり分かってくるのです。

結論を言いますと、神は万物を造ったのです。万物を造ったけれども認めていないのです。ですから、この世に生きているというのは仮の命です。仮の命でこの世に生きているのです。プラスとマイナスがあるということが、仮の存在を意味するのです。本当の存在なら、マイナスのエネルギーが働くはずがないのです。

現象世界はプラスとマイナスが働かなければならないようにできています。これは非常に不安定な世界です。

現在の世界歴史の流れはユダヤ思想によって、とんでもない状態になっているのです。私は個々の人間の救いを説いているのではありません。人間そのものの霊魂の完成、地球そのものの完成を目指しているのです。

人間の霊魂には二種類あります。現世に生きることを目的とする人間の霊魂と、神の経綸に係わる霊魂とがあるのです。

皆様が神の経綸に係わる霊魂でありたいと願うかどうかです。現世に生きることを目的にするか、現世を超えて幽遠の宇宙の本当の完成を願っているかどうかです。

イエスが復活したというのは、神を完成させるための非常に有効な捨て石になったのです。イエスが復活したことによって、神が完成するための確実な計画が成就しているのです。

終極的に言いますと、イエスの在り方をどう見るかによって、皆様の霊魂の運命が決定するのです。

私がお話ししたいことは、神の理想を理想としませんかということです。人間の構想ではなくて神の構想を学ぶことです。神の理想を理想とすることによって、現世に生きていながら現世を超越することができるのです。これを勉強して頂きたいのです。

日本人離れをしたような気持ちになって頂きたいのです。皆様の心情が飛躍的に拡大上昇するためには、理論的な見解の勉強よりも幼子になって頂きたいのです。子供に帰って、二歳、三歳の頃の純真素朴な気持ちに帰って頂きたいのです。

皆様が二十歳から三十歳、四十歳になって学んだことは、人間の思想であって、この状態でいくら考えても、人間以上にはなれません。これではだめです。人間は人間を離脱して、人間以上になることが目的です。

人間自身が自分の幸いを求めたり、自分の救いを願ったりするのは、結局は宗教になってしまうのです。これは現世にいる間は通用します。霊の問題とか、病気を治すということは、現世にいる間は通用しますが、皆様が現世を去ってしまったら、通用しないのです。

人間の思想はこの世を去った途端に消えてしまいます。なぜかと言いますと、考える力とか記憶する力、直感する力、つまり判断力、直感力、記憶力、推理力は現世においてだけしか通用しないからです。

現世で病気が治っても、福徳円満を与えられても、現世だけのことです。私たちの霊魂は現世に生きるためのものではないのです。現世を空と見ることによって、霊魂の位が上がるのです。これが般若心経の特長です。

彼岸は現世ではありません。波羅蜜多というのは彼岸に渡ることです。彼岸へ渡るというのは、現世で安心を受けることではないのです。

例え、現世で安心が得られなくても構わないのです。

現在の皆様の脳細胞は全体の十％以下しか働いていないのです。これは眠っている状態になるのです。こういうものをまともな自分と考えることをやめたらいかがでしょうか。

今までの皆様の五十年、六十年間の人生観は、全くばかみたいなものです。

神の完成という角度から考えますと、新しい地球が完成するのです。新しい天と地ができるのです。イエス・キリストの復活を勉強しますと、こういう事がはっきり分かるのです。

イエスが復活したことによって、新しい体を持ったのです。現在の人間の肉体ではない、全く新しい復活体が既に準備されているのです。これがキリスト紀元の大原則です。

世界観と人生観の全体をひっくるめると生命観になりますが、こういう構想がどうして考えられるのかということです。

例えば、老子の思想でも、世界観と人生観を土台にして真の生命観を狙っていたのです。釈尊の思想は、人間が生きている生老病死のことで壁にぶつかった。そして、悟りを開こうと考えたのです。

釈尊は個人の立場から出発したのです。世界の構造と人間が生きているということと、そこに神の波長が及んでいるのが、全体の構想です。

ところが、キリストが復活したことによって、キリスト以前の命の波長と、キリスト以後の命の波長とは変わっているのです。

たった一人ですけれど、完全に死を破ったのです。完全に死を破って永遠の命があり得ることを歴史的に証明したのです。このことによって、生命の波長が変わっているのです。

普通の人間はこれが全く分からないのです。現世の宗教は、この世にいる人間を幸せにすることだけしか考えていないのです。これしか考えられないのです。復活の命が分からないからです。

宗教では復活の命の実体の説明ができないのです。現在、神と同じ命の波長が流れているのです。ところが、現在の人間は生活しています。仕事をしています。これは常識でできるのです。肉の思いで生きているのです。

実は皆様が生きている波長は、復活の命の波長と一つですけれど、このことを全く知らなくても現世で生きていられるのです。

ところが、復活の命の波長がはっきり分かりますと、皆様の波長が神の波長と同じ波長になることができるのです。そうすると、死なない命が論理的にも健康的にも分かってくるのです。

これが現世で分かった人は、現世での報いを受けることになります。永遠の波長が分かった人は、永遠としての報いを受けるのです。

この世の命と永遠の命とでは、命の波長が違うのです。永遠の生命というのは、この世に生きている命をマスターする、完成する波長になってくるのです。

私たちは、この世に生きることが目的で生まれたのではありません。これを悟って頂きたいのです。現世で生きることを目的にしても仕方がないのです。私が宗教が未熟な思想であると言うのは、こういう意味だからです。

宗教は未熟な思想です。マルキシズムも未熟な思想です。現世においてだけ幸いになろうと考えているからです。

死んでから天国へ行く、極楽へ行くと言いますが、これは真っ赤な嘘です。皆様の心理機能は生きている時だけしか働きません。生きている時にどんなに聡明な頭を持っていても、脳波が止まったら終わりです。脳波が止まるということは、記憶が全部凍結してしまうということです。

脳波が止まらないようにしなければならないのです。このことを皆様にお話ししたいと思っているのです。

止まらない脳波があるのです。こういうことはよほど因縁が良い人でなければ分かりません。

人間は現世に生きていても仕方がないのです。現世的にいくら悟っていても、いくら分かっていても、死んだらすべて消えてしまいます。

現在の人間の脳波で考えたことは、脳波が止まったらだめになるのです。止まらない脳波を掴まえなければいけないのです。

皆様は花を見るときれいだと思います。きれいだと思う時に、どういう直感を感受しているのでしょうか。例えば、満開の桜を見た時に何を直感しているかです。その時、人間は死を越えて、死んだ後にも通用する感覚を直感しているのです。

ところが、それを受け止めることができないのです。花が咲いている世界は、死なない世界です。死なない命が花になって現われているのです。

死なない命を見ているから、きれいだなあ、すばらしいなあと思えるのです。

例えば、マグロの刺身を食べるとしますと、これはおいしいと思うのです。おいしいと思うのはどういう気持ちでしょうか。これが生理療法になるのです。舌でおいしいと感じると同時に、健康的にも非常にプラスになっているのです。

ちょうど良い湯かげんのお風呂に入ったとします。体全体がほぐれていくのです。体がお湯に調和して、固体意識が消えてしまうのです。「ああいい湯だなあ」と心から思えるのです。これが霊魂の救いの気持ちです。

情緒が非常に安定しているのです。花を見た時にも情緒が安定しているのです。おいしいものを食べた時にも情緒が安定しているのです。

人間は何を経験しているのでしょうか。本当の霊を経験しているのです。五官の中心になるものが人間の霊です。これが情緒です。

ところが、今の学問は人間の情緒を粉々に壊してしまうのです。皆様の情緒を壊さずにはいられないのです。

こういうことを、亡くなられた奈良女子大の岡潔教授は、「現在の学校教育は、知能の発達ばかりを考えるために、情緒をだんだん壊してしまう。教育すれば情緒が壊れる。情緒を壊すまいとすると教育ができない。困ったことだ」と言っていたのです。

岡教授は数学の先生でした。数学の根本原理の勉強は、情緒がしっかりしていないとできないのです。ところが、数学を勉強すればするほど情緒性が衰えるのです。その結果、本当の数学が分からなくなるのです。

皆様も同様です。皆様がこの世で生きるための勉強をしていると皆様の魂がスポイルされてしまうのです。だから、五十年、六十年この世に生きていますと情緒がめちゃくちゃになってしまうのです。皺だらけになってしまうのです。若さがなくなってしまうのです。

ご年配の皆様は、素直に考えることができなくなっているでしょう。子供に帰って童謡を歌うような気持ちにはなれないでしょう。

童謡を歌えるような気持ちになって頂きたい。毎日童謡が歌えるような気持ちでなかったら、本当の命は分かりません。

皆様が子供の時には純粋無垢な気持ちでした、素直でした。この時の気持ちを思い出して頂きたいのです。

今の皆様の気持ちは執念の塊です。この世の執念ばかりです。素直さが全くないのです。命を素直に見ることができなくなっているのです。

今皆様の脳細胞は全体の十%以下しか働いていません。これは眠っている状態です。聖書は、「眠っている者よ、起きなさい」と言っています（エペソ人への手紙5・14）。眠っている状態だから、何が正しく、何が悪いのか全然分からないのです。何が得で何が損かも分からないのです。

般若心経は「一切顚倒夢想」と言っています。すべてがひっくり返っていて、夢の中で考えていると言っているのです。夜中に歩き回る徘徊老人と同じだと言っているのですから、本当のことを言われても全く理解できる状態ではないのです。

生まれた直後は良かったのですが、何十年もこの世に生きている間に眠りこけてしまったのです。この世に生きていたらやむを得ないことですが、現在の精神状態がこうなっていることを、よくよく考えて頂きたいのです。

人間はおいしいメロンを食べて、これはおいしいと言いながら、なぜおいしいのか分からないのです。お風呂に入っていて、とてもリラックスした気持ちになりながら、なぜ気持ちがいいのか説明できないのです。

こういう解放されたのんびりした気持ちを、西田幾太郎氏は純粋経験と言っています。月を見て感動している気持ちを、純粋経験と言います。これは神を知るのに最もよい気持ちだと言っています。素直になっているからです。

皆様の霊はおいしいということが直感できる霊です。美しい、楽しい、すばらしいと直感できる霊です。

魂と霊とは違います。お風呂に入って気持ちが良いというのは一つの状態です。コンディションです。霊というのはコンディションのことです。あの時にああいう気持ちがした、この時にこういう気持ちがしたということをじっと見ていきますと、神を信じるということが分かってくるのです。

神を信じると、現世に生きている時の状態の本当のすばらしさが分かってくるのです。現世に生きている時の命の真髄が直感できるのです。

例えば、お風呂に入っている時には、命の純粋な捉え方ができるのです。ところが、この命はこの世を去ると消えるのです。現世を越えた命を掴まえるのです。止まらない脳波は現世を越えた脳波です。これを捉えるためには、イエスの復活を勉強するしかないのです。

死を乗り越えた人のことを勉強しますと、自分も死を乗り越えられるのです。

復活の内容は理論的に考えたら完全には納得できないでしょう。しかし、付き合ってみたら分かるのです。理屈が分からなければ付き合えないというのは、現世の人間の思想です。現世の人間の思想はやがて役に立たなくなるのです。

現世を越えて役に立つ思想を掴まえるのです。これは分からないけれども受け取るという思想です。

例えば、花が咲いているとします。花が咲くべき因縁があるから咲いているのです。花は原因がなければ咲きません。お風呂に入って気持ちがいいと感じる機能は魂です。お風呂に入っているという状態は霊です。

脳細胞を脳細胞としているものがある。これが命です。

聖書に、「私は口を開いて譬を語り、世の初めから隠されていることを語り出そう」とあります（マタイによる福音書13・35）。

神が口を開くと遺伝子の根本原理が無限に活動し始めるのです。万物は遺伝子によって造られているのです。遺伝子の機能性は言《ことば》です。

口を開くというのは言を用いるということです。太陽が輝いているのは神が口を開いているのです。花が咲いているのは神が口を開いているのです。

神は口を開いて譬を語っているのです。花は譬です。太陽光線も譬です。

蛍光灯は分かりますが、人間は電気が分からないのです。電気の本質は何かと言いますと、永遠の生命と大関係があるのです。これは電気の専門家がいくら考えても分からないのです。

聖書には、「御座からは、稲妻と、もろもろの声と、雷鳴とが、発していた」とあります(ヨハネの黙示録4・5)。御座から電気が絶え間なく出ているのです。絶えず電気が出ているのです。これが命の素朴な表現です。

命があるものは皆電気を持っているのです。電気がなくなったら死んでしまうのです。

人間の記憶力、判断力はすべて電気です。電気は遺伝子になったり、千変万化しているのです。光、温度、色、形、香りはすべて電気の働きです。電気でないものは一つもないのです。

もろもろの声が御座から出ていますが、これが現象世界です。稲妻は瞬間的に発する電気の働きです。それが現象世界のようになって見えるのです。

神が口を開いて譬を語っている。神の言によって森羅万象ができていますが、これが譬です。

人間が生きているという事実はありません。神の口から言が出ているだけです。花を見てきれいだと思えるのは、神の言がきれいだと思うからです。きれいとはどういうことかをじっくり考えると、その正体がだんだん分かってくるのです。

世の初めとは森羅万象ができた時ですが、その時に隠れたものがあるのです。隠れたという犠牲がなければ、現われるということがなかったのです。

霊なることが犠牲にならなければ、肉なるものは現われないのです。現象世界は肉なるものです。肉なるものを見せているのは、隠れてしまったものを教えるためです。

何のために神はそうしたのかと言いますと、宇宙にマイナスのエネルギーが発生したからです。宇宙に死の則が発生したのです。死の則が発生したが、これを叩き潰す訳にはいかないのです。

現在の現象世界では、マイナスとプラスが競り合っているのです。これを弁証法的原理と言うのです。

有形的に世界が存在しているというのは、無形的に働いているものが必ずあるのです。花を咲かそうとする力と、花を枯らそうとする力があるのです。皆様の肉体は生きていこうとする力と、死なせようとする力があるのです。

皆様の肉体そのものが、弁証法的原理によって存在しているのです。

肉体があるということは、死んでしまうに決まっているということです。肉体がない状態、霊なる状態で自分自身を見ますと、神の波長が分かってくるのです。これが死なない波長です。死なない波長が分かってきて、死なない波長を細胞が捉えることができますと、皆様の脳波は死なないものになるのです。これが信仰の力です。

入口はどこにあるのかと言いますと、花を見ているという所にあるのです。きれいだと思うでしょう。おいしいものを食べたらおいしいと感じるのです。きれいだとかおいしいというのは、理由があるから感じるのです。

なぜおいしいと感じるのでしょうか。おいしいとはどういうことかが分かりますと、眠っている脳細胞が目を覚ますのです。そうして、死なない命の波長に感じ始めるのです。

皆様はこの世に生きるために生まれてきたのではありません。従って、この世で経験することは、本当の命には何の足しにもならないのです。この世で勉強したことは何の足しにもならないのです。

足しになるのは何かというと、マグロの刺身を食べたことです。お風呂に入ったことです。きれいな花や景色を見たことです。これが足しになるのです。女性を抱くことも、上手に抱けば足しになりますが、抱き方を間違えると罰金を取られることになるのです。これが地獄です。

人間の霊は命を直感しているのです。それを、皆様は顕在意識として捉えていないのです。

ただ潜在意識で捉えているから脳波にはならないのです。脳波にしようとしますと、顕在意識にまで引っぱり上げてこなければならないのです。これが霊の訓練です。

現世で経験したことはすべて譬です。飲んだり食べたりしたことも譬です。学校で勉強したことも譬、社会に出て苦労したことも譬です。

譬とは何であるか。実はこの世ができた時に、天が隠れてしまったのです。天が隠れたからこの世ができたのです。この世は何のためにあるのかと言いますと、天を証するためにあるのです。天を知らせるためにこの世があるのです。

地球があること、太陽があることは、天があることを実物で知らせているのです。本当の命の実体は目で見ているものではないのです。

見ているものは現われているものの原因です。私たちが見ている森羅万象はすべて結果です。人間の肉体があるのも結果です。その原因は何かと考えなければならないのです。

その原因は何か。これを神の約束と言うのです。イエスが死を破ったというのは、約束を実現しただけのことです。

キリスト教というばかな宗教があるために、聖書が全く誤解されているのです。私は口を極めてキリスト教を罵っているのです。

いろいろな宗教がありますけれど、キリスト教が最も悪いのです。キリストの名によって神に反抗しているからです。ひどいことをしているのです。

聖書は宗教には全く関係がありません。生き生きしている命だけがあるのです。

私が本当に話したいのは日本人ではありません。ユダヤ人に話したいのです。ユダヤ人が、肉の思いを世界歴史の中へ持ち込んだのです。人間が肉体的に生きているという思いを、ユダヤ人が持ち込んだのです。

ユダヤ人は世界でリーダーシップを取っています。経済的にも政治的にも、哲学、科学、法律でも、ユダヤ人がリーダーシップを取っているのです。白人文明というのはユダヤ文明です。白人社会に入っているユダヤ人が文明の指導をしているのです。

私は世界歴史の中から死を追い出すことを狙っているのです。ナザレのイエスが考えたことと同じことを考えているのです。イエスが言っていることが真理であるという以上、私はイエスと同じことを考えざるを得ないのです。ナザレのイエスがしたことと同じことをしたいと思っているのです。

それは、地球から、そして、この宇宙から死を追い出すことです。マイナスのエネルギーをシャットアウトすることです。悪魔を追い出すのです。

聖書には、「見よ、サタンの会堂に属する者、すなわちユダヤ人と自称してはいるが、その実ユダヤ人ではなくて、偽る者たちにこうしよう。見よ、彼らがあなたの足もとにきて平伏するようにし、そして、私があなたを愛していることを、彼らに知らせよう」という預言があるのです（ヨハネの黙示録３・９）。

私はこれが実現すると信じているのです。

皆様が生かされているということが、イエスです。私がこうしてお話ししていることを、皆様が理解できるということがイエスであり、また、こうして話している私もイエスです。全世界の人の実体は皆イエスです。だから、雨を降らし、日を照らし、全世界の人々に皆食料を与えているのです。

私はイエスですから、イエスの代弁をしているのです。実は皆様自身が新約聖書です。そうでないと、新約聖書を勉強しようという気がしないのです。

イエスは自分自身が魂であることを証明した。魂である人は全部イエスです。このことを勉強して頂きたいのです。

9. 復活とは何か

人間は偶然に生まれて経済生活を営んでいるものというのが、マルクスの人間論です。人間の本質、本体は、経済生活にあると言っているのです。こういういいかげんなことを言うより、ユダヤ人とは何かを勉強したらよかったのです。

マルクスは自分自身がユダヤ人でありながら、ユダや人を知らなかったのです。ここがマルクスの迷いであって、空理空論を展開して未だに世界を引っかき回しているのです。マルクスがこういうことを言ったので、未だに米中関係が上手くいかないのです。

現在の人間は老化現象が端的に現われているのです。霊魂の老化現象が端的に現われている時代です。

近代文明が始まった時から、人間の老化現象は始まっているのです。いわゆる文明開化が始まったということが、魂の老化現象です。

これを普通一般の人間は、文明が開化したと思っていますが、実体と逆の見方をしているのです。この見方は世界が小さすぎるのです。現世に生きている肉体人間だけを人間として見ているからです。

そういうばかばかしい人間観を当たり前としているのです。そういい人間観を、もてはやすような文明になっているのです。これが霊魂の老化現象をはっきり証明しているのです。

現在の知識階級、いわゆる学問を指導している人々が老化現象の筆頭です。人間の本質を全くはき違えてしまっているのです。

人間は自然発生的に生まれた生物であって、経済生活を営んでいるとばかなことを言っているのです。こういうものを人間だと確認しているのです。これが霊魂の老化現象の顕著な実例だと言えるのです。

霊魂の老化とは何かと言いますと、現世に生きていることだけを人間と考えていることです。皆様の霊魂も老化しているかどうかを自己診断して頂きたいのです。

肉体の老化というよりも、心理状態の老化の方が問題です。現世に生きている自分を自分だと思っていることが、老化現象の明確な印です。こういう人は見込みがないのです。死んでしまうに決まっているのです。こういうばかげた動物主義的人生観を得々と述べているのが、唯物史観です。これは全く幼稚な老化現象です。

唯物史観だけが老化現象ではありませんけれど、老化現象への道標になっているのです。私は唯物史観の悪口を言っているのではありません。唯物史観は、悪口を言うだけの資格がないと言っているのです。

現世に生きていることだけが自分ではないということを、皆様の潜在意識はよく知っているのです。皆様の本心を尋ねてください。内心、深層意識は現世に生きていることだけが自分ではないことを、はっきり自覚しているはずです。

生まれてきたと言い、死んでいくと言います。生まれてきたというのはどこからか来たのです。死んでいくというのはどこかへ行くのです。現世だけで人間生活の収支決算できる訳ではないのです。

現世はマルクスが言う以上に不公平で不合理です。全くめちゃくちゃなものです。テレビのドラマにありましたが、ある純真な女性が男を愛したために殺されそうになりました。しかし、被害者である彼女が加害者になってしまうのです。立証不十分から、彼女が加害者になってしまうというドラマです。

これは現在の世の中のばかばかしさを端的に現わしているのです。世の中はそういうものです。被害者が加害者になったり、加害者が被害者になったりするのです。被害者である彼女が裁判によって加害者になってしまい、その苦しみに耐えかねて自殺するという結果になってしまいました。これが現代の世相の一面を現わしていると言えるのです。

近世文明が始まるまでの人間は、来世ということを非常に重大なことの一つとして考えていたのです。後生大事という言葉がありました。今では後生大事を言わなくなりました。後生を非常に大事に考えることが通例でした。これは東洋だけではなくて、西欧人も、中近東やアフリカの人々もそう考えていたのでしょう。

現世の人間は、後生大事という非常に重要なことをほとんど考えないのです。全く考えないと言ってもいいでしょう。これが教育の荒廃に繋がっているのです。

後生を考えなくなると、人間は人生全体のバランスシートを考ええなくなるのです。今日だけ生活したらいい。目の前の生活だけを考えたらいいという非常に現実主義的な感覚になっているのです。

現世利益を言う宗教がこの頃流行っています。新興宗教は現世利益ばかりをうたっているのです。目の前の利益を追求していたらいいと言うのです。

こういう宗教が流行り出したのが近代文明の特長です。古代社会や中世社会では、現世利益の宗教は問題にされていなかったのです。全くないとは言えませんが、ほとんどなかったのです。

現代文明では現世利益の宗教ばかりです。現世の人間が幸せであることを堂々と寺で言っているのです。こんなものは宗教と言う価値は全くありません。

人間は後生を考えなくなったのです。過去世、現世、来世の三つ世を考えなくなったのです。

現世は生まれる前の続きの人生です。現世が終わったら来世へと続いていくに決まっているのです。もしそうでなかったら、現世での不公平がいつ償われるのでしょうか。めちゃくちゃな人生がどこでどうして評価されるのでしょうか。これが説明できないのです。

現世で生きている状態で、貸しがある人と借りがある人がいるのです。貸しがある人は、現世で真面目に働いていたけれど、それにふさわしい報酬を受けていなかった人です。真面目に働いたけれども、その真面目さに対する正当な報いを受けていなかった人は、この世に貸しがある人です。

逆にろくな働きをしないのに余裕がある生活をして、自由に遊んでいる人もいるのです。こういう人はこの世に借りがある人です。大ざっぱに分けると二種類の人間がいるのです。大きな貸しがある人と、大きい借りがある人がいるのです。小さな貸しがある人と、小さな借りがある人がいるのです。人間は貸方に回るか、借方に回るかどちらかに決まっているのです。

人生は非常に不公平です。アメリカの大富豪の家に生まれた人と、アフリカの貧しい村に生まれた人とでは大変な差があるのです。もし人間に価値があるとしたら、価値付けるのは誰なのか。

八十年、九十年の人生が終わって、その人の人生がプラスなのかマイナスなのか。本人では判断できないのです。これを判断する人格がなければ、現世において正しいことを実行する必要はないのです。善なる行為、道徳的な考え方をしなければならない理由はないのです。

私たちは現世であまりに悪いことをしてはいけないということを本心が知っているのです。本心は後生があることを知っているのです。だから、いくら無神論者の家庭でも、共産主義社会でも、死んだら葬式をしないで、そのまま放っておくわけにはいかないのです。やはり墓を建てるのです。神を信じないと堂々と言ったスターリンはとても大きな墓を造ってもらっているのです。どんなに間違った政治をした人でも、死んだ人を慰めようとか祀ろうとかいう気持ちになるのです。

人間は死んだらしまいというものではありません。死後にどんな状態でどのように残るのか。人間の審判を誰がするのかということです。マルクスは口では唯物史観を述べていましたが、本心では唯物史観を信じていなかったようです。

霊魂が老化しつつあるということは、自分の命をまともに考えるだけの若さがなくなっているということです。自分の霊魂のことを素直に考えられるのは、その人の霊魂が若いからです。若いということは純真であるということです。

文明が年を取ってきますと呆けてくるのです。従って、人間の魂も呆けているのです。唯物史観という思想、現象が実体であるという思想が世界に流通しているということが、人間の魂が呆けている証拠です。

古代社会や中世社会には、唯物思想というばかな思想は通らなかったのです。こういう浅薄な、目の前のことだけを信じるという思想を承知しなかったのです。

物があるから歴史が始まるという愚かなことをマルクスは言いました。物はどこから出てきたのかと言いたいのです。

近代社会、現代社会は、学理主義、学問主義になっています。これが魂が呆けている証拠です。大学で教えている学問が、大手を振って横行闊歩しているということは、霊魂の老化現象の顕著な印です。

人間の学問は人間が造り出した情報です。生活の情報です。学問というといかにも立派なもののように思えますが、そうではないのです。学問を尊敬している人は頭が老化しているのではないかと思われる面があると言えるのです。

学問はこの世に生きている人間だけに通用するものです。死んでから後のことは一切考えません。生命の本質については全く考えようとしないのです。非常に浅薄な思想です。

今は、大学は駅弁ほどの数があると言いますが、これは末期現象です。このように人間は現世に生きていることばかりを考えさせられているのです。ユダヤ人の世界観によって、こういうテクニックの中に放り込まれているのです。

学問が最高のメッセージのように考え込まされてしまっているのです。文明の度合いが高くなればなるほど、人間の頭は老化していくのです。そうして、命のことが考えられなくなってしまっているのです。これが霊魂が老化している現象です。

現代文明においては、人間生活が一番重大なこととして考えられているのです。人間がどのようにして生活するのかということです。基本的人権という言い方は、人間が生活していく上に、どのように権利を主張すべきかを言っているのです。

人間が現世に生きていることがすべてであるかのように考え込まされているのです。皆様がそのように考えているというよりも、皆様がそういう思想に押し込まれていると言うべきです。現世における思想的傾向が、皆様をそういう愚かな思想の中へ放り込んでいるのです。人間が生きているというのは現世だけではありません。現世にいる人間は生きているのではなくて、命を経験しているだけです。本当に生きているのではありません。命を経験しているだけのことです。

命をどのように経験したのかということが、この世を去ってから価値判断されるのです。生きているということは命を経験していることです。皆様は試行錯誤しながら、命を経験しているのです。この世で生活しているだけではしょうがないのです。この世で生活している人は、この世で生活しているだけで終わってしまって、命のことを全然考えていなかったという結果に終わるのです。

そうすると、その人の人生は根本的に失敗に終わってしまうのです。これは近代文明の根幹を造っているユダヤ思想が、このような世界を造ってしまったからです。このことをよくよく考えて頂きたいのです。

ユダヤ思想にだまされないようにして頂きたい。皆様の命は現世に生きているだけではありません。現世に生きているのは、命の価値判断をする基本的な勉強をするためです。

現世において成功しようが失敗しようが、そんなことは問題ではありません。永遠を考えて頂きたいのです。

中世時代までは、人間は永遠ということを考える気持ちがあったのです。現代文明ではそういうことが全然考えられなくなっているのです。生活することだけを考えているのです。これだけ人間の精神状態が老化しているのです。

人間がなぜ生活主義になっているのかと言いますと、お金を儲けなければ生活ができないと考えるからです。働かなければ生活ができない。だから働くと考えるのです。これが生活主義の考え方です。

生きるために働くとしたら、命のために働くはずです。ところが、命のことを考えないで、ただ生きるために働くというのはおかしいのです。

生きているとはどういうことか。皆様の魂が命を経験しているのです。例えば、夏の暑い日に三十度になったとします。そのことが神の処置です。神そのものを三十度として経験しているのです。

皆様の目が見えること、心臓が動いていることが神です。砂糖が甘いこと、塩が辛いことが神です。これを皆様の魂が経験しているのです。

皆様は神を経験しなければ生きていけないという、明々白々の現実状態におかれているのです。

知っていても、知らなくても、皆様は神の中で生活しているのです。皆様が生きていることが神です。ところが、皆様は自分が生きているというばかな考えを持っているために、正当な状態で命の経験がなされていないのです。

命の経験が正当になされていないということが、皆様の精神的な不安の根本原因になっているのです。生きていながら命が分からないということが、皆様の不安の根本原因です。皆様の情緒は絶えず動揺しています。情緒不安定によって動揺しているのです。

お風呂に入っている間は情緒が安定します。お風呂から出ると情緒が不安定になる。人間は生きていながら、生きていることが何をしているのかさっぱり分かっていないのです。本当にもったいないことをしているのです。

現在皆様の霊魂は、命の本願である神を経験しているのです。五官の基礎は人間の霊魂の基礎になるのです。五官の働きの基礎的なセンスをじっと冷静に、平面に、綿密に見ていきますと、だんだん分かってくるのです。

甘いというのは何か。美しいと感じる気持ちはどういうものかを落ち着いてゆっくり考えれば分かるのです。座禅を組まなくても仕事をしながらできるのです。女の人は家事をしながら考えたらいいのです。

皆様の生活には生ける神、命の実物である神がいるのです。ところが、自分が生きていると思っているために、命は自分のものだという、全くばかげた誤解に基づいて生きているために、現在、目の前に神がありながら、それが分からないのです。これが皆様の人生の根本的な欠陥になっているのです。

死後の世界のことを申しますと、古代エジプト人は死後の世界があることを確信していたのです。中国でもそう考えていたようです。

孔子は論語の中で、「朝に道を開かば、夕べに死すとも可なり」と言っています。朝働いている間に、自分の命の実体について悟ることができるとしたら、その日の夕方に死んでもよろしいと言っているのです。

生きているということは、道を開くため、道を悟るための方便として生きているのです。夕べに死すとも可なりというのは、死んだ後に別の世界がある、別の命があることを直感できるからです。

死んだ後にある命こそ永遠の命です。昔の人にはこれが直感できたのです。そこで、朝働いている間に人生が分かったら、夕方にこの世を去ってもいいと言うのです。

人生は命の道を悟るためにあるのであって、命の道を悟るということは、死んだ後の自分の命のあり方の根本的な原理になるのです。

ヨーロッパ人の祖先は狩猟民族であったり、海賊であったりしたようです。霊魂については深く考えなかったのです。アジア人はセム族でありまして、霊魂のことを深く考えるという素質を昔から持っていました。

中東地方のアジア人の伝承として、復活があることを直感的に知っていたのです。これが重大な意味を持っているのです。

復活という思想を、中東地方の三日月地帯の人々は所有していたのです。これが聖書に大関係があるのです。

現在の人間は不完全な人間です。日本は国ができてから千二、三百年しかたっていないのですから、人類の歴史の深みがほとんどないのです。人間本来の考え方が、日本にはないと言ってもいいでしょう。

日本にあるのは、氏神とか産土神という程度が低い考えです。こういうものしかありませんから、日本人は現象主義の人間であると言えるのです。

しかし、中東地方の人間の中には、人間は未完成であるという考えがあったのです。現世における人間は未完成の人間です。現世で偉くなっても本当に偉い人間でないことを知っていたのです。

地球は未完成です。最近、日本の各地で地震が頻発しています。一九九五年一月十七日に発生した阪神淡路大震災では、死者六四三三名、負傷者四万人以上、家屋の全半壊は二十四万軒という大災害でした。

二〇一一年三月十一日に発生した東日本大震災では、死者行方不明者が二万四千人以上という大惨事になりました。小さな地震は日本各地で頻繁に起きています。

東京では東海大地震、東南海大地震や首都直下型の大地震が発生するのではないかと、戦々恐々としている人もいるようです。

地震が発生することに、今の文明は戦々恐々としているのです。なぜ戦々恐々としているのかと言いますと、現在の人間が生きていることは不安定だからです。不安そのものです。生きていることが何のことか分かっていないのです。ただ生活しているだけです。

今この瞬間に、震度八の大地震が発生したら、皆様はどうするのでしょうか。その時に皆様の本心が暴露されるのです。皆様の潜在意識が何を考えているのかがすぐに分かるのです。皆様の霊魂の本性がすべてばれるのです。

口に出すか出さないかは別として、必ず「神よ助けたまえ、神よ助けたまえ」と叫ぶに決まっているのです。これが人間の姿です。

昔の人間は慌てなかったのです。復活を考えていたからです。現在の地球も人間も不完全だから、将来、必ず完成するに違いないという直感が閃いていたのです。これがピラミッドやスフィンクスになって現われているのです。

現在の地球は不完全なものです。完全なものではありません。人間が祖先の時に、道を誤ってしまった。そのために、地球が呪われたのです。だから、災害が多発する地球になったのです。

これは人間の責任です。今皆様が本当の魂に気付けば、皆様が本来あるべき命の状態が分かります。

パウロはローマ人への手紙の十一節三十六節で、For of him,and through him and unto him,are all thingsと言っています。これを直訳しますと、すべてのことは、神から、神において、神にまで存在しているとなるのです。これを日本語の聖書では、神から出て、神によって成り、神に帰すると訳しているのです。

日本語訳はあまり良くないようです。神から来て、神において存在し、神にまで存在している。こう訳したらいいと思います。これが霊魂の本体です。

これは簡単なことです。皆様の理性は皆様で造ったものではありません。もし人間に理性がなかったら、お花を活けるとか、お茶をたてることをしないでしょう。

動物ならそういうことを一切しないのです。お花を活ける猿はいないのです。

人間の理性は人間が造ったものではありません。皆様は理性に基づいて生きているのです。従って、皆様が生きていることは、神において生きているのです。神と共に生きているのです。これが皆様が生きている実体です。

人間は神から来て神と一緒にいる。そして、神の所に帰るのです。これが霊魂の姿です。こういうことを昔の人は知っていました。だから、巨大な墓を造ったり、来世へ行く備えをしたのです。

人間があるべき本来の姿に帰れば、地球もまたあるべき状態に帰るのです。これが人間が求めている本当の平和です。

やがてこれは実現します。現在の文明は間違いすぎています。あまりにも汚くなりすぎているのです。極端な老化現象になっています。白人主義の文明は完全に行き詰っているのです。そこで、悪い意味でのリーダーシップを取る人が現われるのです。その後に、良い意味でのリーダーシップを取る人が現われるのです。

現在の文明はもう一段悪くなって、世界の政治と経済はどうにもならない状態になるのです。人間歴史が完全に行き詰ってしまうのです。

やがて人間の歴史が激変するでしょう。その後に、人間が心から望んでいる本当の世界平和が実現するのです。そうして、地球は本来の状態に帰るのです。

砂漠がなくなるのです。地震も、津波も、台風も、洪水もなくなるでしょう。犯罪行為もなくなるのです。病気もなくなりますから病院はいりません。犯罪者がなくなりますから刑務所もいらないのです。軍隊も全廃されるでしょう。

人間が考えている以上の完全な世界平和が実現するのです。これでも本当の復活ではありません。本当の復活はもっと先です。地球が物理的に完成する時に、本当の復活が現われるのです。

現在の地球物理は非常に不完全です。物質が不完全です。物質は風化します。腐ります。風化したりする物質は、物質の組織が不完全だからそうなるのです。

こういう考え方は昔の人にはあったのです。今から四千年から五千年前の中東地方にはあったのです。日本は歴史が浅すぎるのですが、万葉集や古今集にはそういう考え方があったのです。徳川時代までの日本人は、人生についてはよほど真面目だったのです。

ところが、高度成長時代以降において、日本は極端に悪くなったのです。経済的には良くなりましたが、精神的には堕落したのです。

世界歴史の中にイエスが復活したという事実があるのです。イエスが死を破ったのです。イエスが死を破ったということは、未来に現われるべき物理次元が早期に出現したのです。これがイエスの復活です。

今から二千年前にイエスは死を破った。その時に、彼は新しいボディーを持っていた。死なないボディーを持っていたのです。完全なボディーを持っていたのです。

皆様のボディーは死ぬに決まっているボディーです。現代人は今生きている命だけが命だという、非常に浅薄な、唯物史観的な考えを持っているために、霊魂のことが全く分からない人間になっているのです。

このような無知蒙昧な状態を捨てて、皆様の内心の声を聞くようにして頂きたいのです。潜在意識の声を聞いて頂きたいのです。

私は固有名詞の皆様にお話ししているのではありません。皆様の魂に語りかけているのです。皆様の潜在意識に語っているのです。

皆様の顕在意識と潜在意識が、ちぐはぐになっているのです。統一されていないのです。人格分裂の症状になっているのです。

人間の常識は皆嘘です。皆様の常識と皆様の良心は一致していないのです。人間が分裂しているのを統一するためには、イエスの復活という大きい問題を学ぶ必要があるのです。地球が新しくなるという重大な問題を学んで頂きたいのです。

皆様が今持っている肉体は死ぬに決まっている肉体ですが、これを死なない肉体に変更することができるのです。

神とは何かと言いますと、命の精髄です。神がはっきり分かれば皆様の生き方が変わってしまうのです。皆様の精神次元が間違っているために、うろうろしているのです。潜在意識と顕在意識が一致しないというのは、物事の捉え方が間違っているからです。命とは何かということを考えないで、生きている自分の気持ちを鵜呑みにしているために、命の実質が分からないのです。

皆様は生きていながら命が分かっていないのです。そこで、復活を勉強したらいいのです。今から四千年、五千年前の中東地方の人々は、復活ということを考えていたのです。しかし、当時の人々はそれを正しく受け取る方法がなかったのです。ところが、私たちにはイエスの復活の事実を通して、それを受け取ることができるのです。

復活とは何か。これは思想的にはどういうことなのか。物理的にはどういうことなのか。社会的にはどうなるのか。これが新約聖書に示されていますので、これを勉強して頂いたらいいのです。

宗教では新約聖書の秘密は分かりません。しかし、キリストの命を弁えて頂ければ、それが手に取るように分かるのです。

死後の世界をはっきり掴まえようと思ったら、イエスの復活を認識する以外にありません。これ以外に永遠の命を掴まえる方法はありません。

ユダヤ人の学問が全世界に瀰漫していますが、彼らはイエスの復活を世界人類の目から覆い隠してしまうために、政治、経済、科学、宗教、学問を考えたのです。これがノーベル賞の目標です。これが文明の実体です。

文明をいくら信じても、今の人間は全部死んでしまうだけです。現在の学理学説は死んだ人間が考えた理屈です。死んだ人間が考えた情報です。本当の真理ではありません。

肉体人間が本当の人間だと考えている人に、本当のことが分かるはずがないのです。肉体で生きているということは、仮に生きているということです。だから、死んでしまうのです。

神という絶対があります。これが宇宙の中心にあるのです。皆様は知っても知らなくても、神を基本にして生きているのです。

皆様の心臓が動いているということが神です。これを本気になって勉強して頂きたいのです。

10．人間と魂

日本人の考えは、この世に生まれてきたという所から出発しているのです。これは日本人だけでなくて、釈尊の考え方がそうだったのです。

生老病死というのは、人間が生まれてきて人間が生きている。そこで、生老病死という四苦が発生するのです。人間が生きているということが、大前提としてあるのです。

日本の氏神、産土神という考え方は、日本という産土があった、国土があった、国民がいた、人間がいたという所から神道は出発しているのです。

ところが、日本神道の故事来歴を追求していきますと、おかしなことがあるのです。日本の神社の構造に、古事記や日本書紀だけでは説明できないものがあるのです。

例えば、神社の鳥居がありますが、なぜこういうものがあるのか、説明できないのです。それから、前に広庭があって、拝殿があって、奥殿がある。その回りに囲いがありますけれど、これはどうしてできたのかということです。

京都の上賀茂、下賀茂神社が、日本の神社の原形のようです。地形によって若干の違いはありますけれど、大体、上賀茂、下賀茂神社の構造が、日本の神社の構造になっているようです。

こういう構造がどうしてできたのかということです。これが日本の神道では説明ができないのです。かろうじて分かるのは、旧約聖書に出ているソロモンの神殿と、ほとんど同じだということがあるのです。

ソロモンの神殿ができたのは今から二千八百年ほど前のことですが、ソロモンの神殿に習って日本の神社は建てられているのです。なぜソロモンの神殿に習って日本の神社が建てられているのか。日本の歴史の解釈では、その説明ができないのです。

鳥居は門ではありません。門でもないし境界線でもない。ただ柱を建てて横に柱を乗せているのです。何のためにこういうものを造っているのか。この意味が国学院大学の教授が説明できないのです。

日本神道と言いますけれど、神社の構造、鳥居の存在の故由が分からないし、賢所の存在の説明ができないのです。

皇居の中に拝殿がありますが、これはどういうことなのか。これはソロモンの父親のダビデ王の記録を読みますと、彼の住居の一部に拝殿を設けたとあるのです。この真似を日本で行っているのです。これが賢所です。

塩で清める習慣とか、しめ縄を張るというのは、旧約聖書を見ないと分からないのです。日本神道の成立の故由については、古事記、日本書紀では分からないのです。菊花十六弁の紋章はどういうものなのか。もっと不思議なことは、金甌無欠ということです。

金甌というのはつぼのことです。金の丸いつぼです。これは無欠である。欠けがないのです。金のつぼに欠けがないとはどういうことなのか。日本人はこういう重大な問題を全く知らないのです。

日本の神社の構造はどこからきたのか。これをしっかり究明しようとしないのです。金甌無欠という言葉はありますが、金のつぼがなぜ日本にあるのかということです。

金甌については古事記にも日本書紀にも、全然記載されていないのです。全く書いていないのです。書いていないのに、金甌に欠けがないとはどういうことなのか。国学院大学や宮内庁に聞いても分からないと言うでしょう。

これを知るためには旧約聖書を勉強するしかないのです。旧約聖書によれば、金のつぼを造ったのはモーセです。モーセが神から十戒を授かって、民に与えたのです。その直後に金のつぼを造っているのです。このことを新約聖書ではヘブル人への手紙に書いています（9・4）。

至聖所には金の香檀と、全面金で覆われた契約の箱が置かれ、その中には、マナが入っている金のつぼと、芽を出したアロンの杖と、契約の石板とが入れてあったとあります。

金のつぼにマナが入っているありますが、マナというのは、ユダヤ民族がエジプトを出て砂漠にさまよっていた時に、神が与えた食物です。

モーセに率いられてエジプトを出た時には、百五十万のユダヤ人がいたと言われていますが、この民族が砂漠の中に四十年いたのです。

この事件が起きたのは今から四千年ほど前でした。エジプトを出た時には食物を持参していましたが、やがて食糧が全く底をついたのです。モーセは食糧がなくなったら神が何とかしてくれるだろうと考えたのです。

ユダヤ人は過ぎ越しの祭りでは種を入れないパンを食べるのですが、これが日本の餅になっているのです。日本で正月に餅をついて食べるのはなぜか。分からないのです。これはユダヤの歴史を見ると分かるのです。

日本の菊花十六弁の紋章は、ユダヤから来ているのです。ダビデ王朝は菊花十二弁になっていましたが、これは本家を意味するのです。十六弁は分家になるのです。日本はユダヤの分家になるのです。

現在のユダヤ人は根本的に間違っています。この悪いユダヤ人に対して、日本が世界において頭角を現わしているということは、興味津々たることです。

アジアの極東が日本です。極西がイスラエルです。旧約聖書に記載されている色々な事実が、現在の世界歴史の土台になっているのです。日本の歴史をいくら考えても、世界歴史のことは分かりません。

日本ができるまでの記録を勉強しないといけないのです。全世界の歴史はどのように始まって、どのように流れてきたのかということを考えないと、宗教になってしまうのです。

宗教はすべて、人間がこの世に生きているということだけを考えているのです。例えば、家族の問題とか、結婚、仕事のことを考えるのです。

ところが、人間がこの世に生きているためには、その原因がどこかになければならないのです。人間の始まりからの流れがあるに決まっているのです。これがなければ世界の歴史が成り立たないのです。

人文科学の考え方、また、考古学の考え方でも、人間の歴史の源を掘り下げるということはできないのです。

人間に文化が発生してから有史以来と言われるものです。エジプト文明とかインド文明が歴史的に記録されるようになってからが、いわゆる文化史と言われるものです。

ところが、文化史が形造られるまでの人間のあり方は何であったのか。例えば、ダーウィンの進化論に現われてくる人間と、エジプトの文化史における人間との関係がどうなるのかということです。

学理学説と威張っていますけれど、根源のことが全然分かっていないのです。学問はいいかげんなものです。無責任なものです。

医者は命のことを知らないのです。病気は治しますけれど、命を知らないのです。

政治家もそうです。現在の国家予算のことは考えますけれど、日本の国家目的は何かということを全然考えないのです。政治学が国家目的を考えないのです。学はそれほど無責任なものです。

私たちは人間存在の根源に目を向けていかなければいけないのです。人間存在の根源には何があったのか。

大体、なぜ人間がこの世に生まれてこなければならなかったのかということです。何のために人間が生きているのかということです。なぜ人間が地球に発生しなければならなかったのかということです。

現在の日本人のような考えでいますと、人間がこの世に生きていることが無意味です。現在のような人間社会は潰れるに決まっているのです。日本社会は遅かれ早かれ、必ず消えてしまいます。現在すでに行き詰っているのです。

やがて世界の人口は百五十億人になるでしょう。そうなると、食糧は追いつかなくなるでしょう。エネルギー資源もなくなるのです。そうすると、地球はどうなるのか。

人間歴史が存続できないような状況になるに決まっているのです。国家存在には限界があるのです。国家の主権には限界があるのです。お互いに主権を尊重し合うことができる間は国家が存続しますが、主権が尊重できないことになると、弱肉強食の社会になってしまうのです。

現在、サミットとか、G7、G20という形で先進国の首脳会議が行われていますが、お互いに認め合っていこうという考えで話し合っていますが、その内に、紳士面をして付き合っていけなくなるのです。

白人社会においてそれが始まっているのです。ＥＵどうしお互いに信用できなくなりつつあって、ＥＵそのものが分解しかねない状況になりつつあるのです。なりふりかまわなくなる時が来つつあるのです。こういう状態で白人の没落が始まっているのです。

白人を中心にした文明は、風前の灯火になっているのです。白人を中心にした文明は、破産せざるを得ないようになってきているのです。

中東問題はとても恐ろしい問題です。やがてこれが、世界歴史の命取りになる可能性が顕著にあるのです。これがユダヤ人問題で一番うるさい問題です。

皆様は世界歴史の根源に目を向けて頂きたいのです。歴史の根源に目を向けないと人間とは何か、命とは何かが分からないのです。国学院大学のような考えをしていたのでは、絶対に分からないのです。

道元の思想、親鸞の思想、日蓮の思想は、現世で安穏に生きている状態なら通用するかもしれません。全世界的に民族の運命を考えなければならないようになりますと、道元や日蓮の思想は通用しないのです。こういうことに関しては日本人は全く盲目です。

第一に地球は何のためにあるのか。これから考えなければいけないのです。大体、理性や良心を持った人間が、肉体的に生活して何の足しになるのかということです。宇宙的に考えて何になるのかということです。

理性や良心を持っている人間は、動物ではありません。肉体を持っているという点から考えると、動物になるのです。動物であるような、ないような存在が人間です。人間がいることによって何の足しになるのだろうか。

文明が地球上に発達したことによって、何になるのかということです。現在までのところ何にもなっていないのです。六千年の人間の文化史は何にもなっていないのです。

人間は非常に重要な、しかも根本的な問題を見落としていたということです。このことと西暦紀元とがどういう関係になるのかということです。

金甌にマナを入れたのです。このつぼがエルサレムの神殿の奥の院の契約の箱の中に収められたのです。

日本の御神輿《おみこし》は契約の箱の模型になるのです。「契約の箱をかついでヨルダンの川を渡った」と聖書にありますが、これが御神輿さんの原型です。

京都に祇園神社がありますが、これはシオンから来ているという説があるようです。シオンがなまってギオンになったと言うのです。

日本の神社は、旧約聖書の勉強をしないと全然分からないようにできているのです。

契約の箱の中に金のつぼがあったと聖書に記されていますが、このつぼが日本に来ているのです。これは日本の国体の秘密です。

日本の国はおかしい国です。天皇とは一体何かということです。なぜ日本の天皇は、千数百年の間、連綿として続いてきたのか。なぜ滅ばずに続いてきたのか。鎌倉幕府の時とか、徳川幕府の時代には、他の国であれば当然滅んでいるはずのものが、日本では滅びなかったのです。

足利尊氏がなぜ御所を潰さなかったのか。尊氏の力を持ってすれば、御所を潰すことは簡単にできたのですが、それをしなかったのです。どういう訳でしなかったのか分からないのです。

これは日本の歴史だけでは説明ができないのです。これは不思議なことでして、旧約聖書には、「全世界の王たちは、アブラハムの子孫から出る」と神が明言しているのです（創世記17・6）。

全世界の王家は、アブラハムの子孫から出ると言っているのです。イギリス、ベルギー、スペイン、タイ、カンボジア、スウェーデン、サウジアラビアなど、現在二十八ヶ国に王家が存在していますが、これが皆アブラハムの子孫から出ているのです。

世界の王家とは一体何かということです。旧約聖書によれば、これはユダヤ系でなければならないことになるのです。

ユダヤ人が世界に存在しているということは、全く奇々怪々な問題です。歴史家はこの説明ができないのです。考古学をいくら勉強してもこの説明ができないのです。

ユダヤ人はアブラハムの子孫です。その前にも人間はいたのです。人間はいたのですが、アブラハムの子孫として民族形態を保つようになったのが、ユダヤ人の始まりです。

モーセはアブラハムから四、五百年後に現われたのですが、モーセが金甌を造ったのです。エジプトを出たユダヤ民族の大集団が、四十年の間、砂漠をさまよっていたのです。その間に食糧がなくなったのですが、民族の大移動中であったので、農耕をすることができなかった。この大民族がどうして食べていたのか。天から降ったマナを食べていたのです。天からマナが降ることがあり得るのかということです。これがあったのです。電離層の働きがあったのです。電離層は奇妙な働きをするようです。空中で蛋白質が結集されたのです。そして、パンのようなものができた。これが天から降ったのです。

天からマナが降る。こんなことは信じられないのが当たり前です。そこで、モーセが本当にマナが降ったことを証明するために、金のつぼを造ったのです。純金のつぼを造って、そこにいっぱいになるようにマナを詰めたのです。四十年の間、神がマナによってイスラエルの大民族を養ったという記録として、マナを金甌に入れて保存したのです。

このつぼが日本に来ているのです。これはうかつに公表できないことかもしれませんが、事実です。

皆様に本当のことを勉強する気持ちがあるなら、日本の歴史を超越する気持ちを持って頂きたいのです。

皆様の命は日本の歴史よりも尊いのです。皆様の霊魂の値打ちは日本の歴史よりも遥かに尊いのです。

金のつぼがどこかにあるのです。一番怪しいのは伊勢大神宮のご神体です。それから賢所のご神体です。これを鏡と言っています。これが伊勢神宮のご神体になっているのですが、鏡ではなくて神のかめだという説があるのです。

神のかめ、神がめですから、これを縮めるとかがみになるのです。これが鏡となったのです。金甌無欠という所を考えますと、これほど尊い金のつぼと言えるものは、世界にモーセが造ったつぼしかないのです。

これが日本に来ていなかったら、日本でなぜ金甌無欠と言うのか説明ができないのです。日本の皇室は、今までに当然滅びていなければならないのです。後醍醐天皇を島流しにしたのですから、朝廷をひねり潰すくらい訳ないことでしたが、しなかったのです。できなかったと言えるのです。

なぜそういうことになったのか。ここに神ということがどうしても考えられるのです。これは日本で考える八百万の神々ではない神があるのです。

日本の本当の国家原理は八百万の神ではない神です。これは旧約聖書に関係があるのです。やがて、日本の国体が世界的にはっきりするでしょう。そうすると、世界の歴史がひっくり返るのです。その時が近づいているのです。

日本の国体が世界的に大っぴらに言えるようになりますと、世界中が大変なことになるのです。このことと、現在のイスラエルとがどのように結びついていくのか。

世界歴史と皆様の霊魂とは、一つのものとして考えて頂きたいのです。こういうスケールで考えないと、本当のことは分からないのです。

現在の地球は未完成です。砂漠がある。伝染病がある。病気がある。地震、台風、洪水、津波がある。これは地球が未完成であることを端的に示しているのです。

やがて地球は完成しますが、地球が完成することと、人間完成とは一つのことです。

今までの皆様の間違いは、人間の魂が完成することと、地球が完成することとが、一つの原理であると考えていなかったことです。

皆様の肉体は万物と重大な関係があるのです。万物がなければ皆様の肉体は保っていけないのです。空気や水がなければ、お米、麦、野菜、肉、魚がなければ、皆様は生きていけないのです。そうすると、地球と皆様の肉体は一つのものであるに決まっているのです。

肉体と霊魂は一つのものです。霊魂の問題と、地球の問題とを一つに考えるというスケールで、人生を考えないといけないのです。

灯台下暗しと言いますが、皆様が今生きていることの中に、永遠不滅の真理があるのです。

人間の使命というのはただ一つ、現在生きていることの本当の意味、本質を発見することです。そうして、人間が生きている命がそのまま永遠の命であることを、全人類に知らせてあげることです。そうして、地球に速やかに絶対平和を現わすことです。いわゆる千年王国を現わすことです。

これが私たちの目的ですが、そのスタートとして考えて頂きたいことは、皆様が現在生きていることの本当の意味を知って頂きたいということです。

生きているということはリビングです。これが分かっていないのです。実はリビングが神です。人間のリビングということと、神というテーマがどのように結びつくのか。

現在、鼻から息を出し入れしていることが神だとどうして言えるのかということです。これが世界的に通用する原理であるのか、ないのかということです。

人文科学的にはどういうことになるのか。哲学的に考えられることと、歴史的に考えられることとが、一つに考察されなければならないのです。

全世界の人間に本当の平和を与えようとすれば、命の実質を知らせなければならないのです。命の実質を知らせてあげれば、これに反対できないからです。

天に向かって唾をすれば、自分が汚れるだけです。このことが皆様に分かって頂ければいいのです。現在の世界の人間は、天に向かって唾をしているのです。その元凶はユダヤ人です。

ユダヤ人はアブラハムの子孫であり、モーセに率いられてエジプトを脱出した民族です。このユダヤ人が現在一番悪いことをしているのです。このユダヤ人の考えを覆すのです。

ユダヤ人に向かって、私たちはどういう態度を取るのかということです。こういうことを考えている人は、世界中にいないのです。

キリスト教はだめです。ユダヤ人と喧嘩ばかりをしているからです。キリスト教信者は、ユダヤ人の家の前を通ると唾をはくと言います。ヒトラーがユダヤ人を迫害した時に、告げ口をしたのはキリスト教の人です。キリスト教の人々がユダヤ人を摘発したのです。

ユダヤ人をいじめると、キリスト教信者に人気が出るのです。これをロシアのツアーがしましたし、ヒトラーもしたのです。白人社会の政治家は、ユダヤ人をいじめると一番人気が上がるのです。これほどユダヤ人とキリスト教は仲が悪いのです。

これはキリスト教が間違っているのです。キリスト教の人々の聖書の読み方が間違っているのです。キリスト教を信じている人々は自分が生きていることが神であることを知らないのです。リビングがゴッドであることを知らないのです。本当のゴッドを知らないのです。だから、神を信じていないのです。また、キリストを信じていないのです。

本当の神が分からなければ、本当のキリストは分かりません。これをよく承知頂きたいのです。

どうして死を乗り越えることができるのか。命は宇宙の本質ですが、宇宙に死が現われたのです。罪の則が淵のおもてに座したからです。この死を消去するためには、これを自滅させるしかないのです。

死は罪によるものであり、罪はその人格の意志によるものですから、これを滅するためには、その意志それ自体の働きによって、自滅させるしかないのです。

死というのは人格です。例えば、雲の流れも人格です。花が咲くということも人格です。水が流れることも人格です。この世の中にある色々な生命現象は、人格現象になるのです。例えば、今日は曇りだとします。曇りというのが人格に関係がある現象です。甘いとか辛いとかいうことも人格に関係があるのです。

パーソナリティーというのは、私たちの命の根源に係わっているのであって、これは皆人格的なものです。

死ぬというのは強力な人格です。リビングが神という人格であるように、死は一つの人格です。リビングが神ですから、死は悪魔になるのです。

こういうことが日本人には分からないのです。悪魔というと人を呪ったり憎んだり、嘘を言ったりするものだと、日本人は考えているのです。これは悪魔とは言えないのですが、小悪魔と言うべきです。

本当の悪魔というのは、死の則です。則は思想から発生したものです。理性から発生したものです。すべて法則とか原則というものは、理性がなければ成立しないのです。

則というのは、理性が法則的に発動していることを意味しているのです。

死というのは、一種の権威です。私たちは死の権威に抵抗することができないのです。肉の人間は死の権威に抵抗することができないのです。

死を滅ぼそうと思ったら、また、死から逃れようと思ったら、死の権威に抵抗できるような原理を見つけなければならないのです。

実はリビングは死を圧倒する原理を持っているのです。リビングの原理が分かれば、死を圧倒することができるはずです。

死は一つの人格です。今までこの世に生きていた気持ちが肉の思いです。「肉の思いは死である」とパウロが言っています（ローマ人への手紙８・６）。

現世を絶対だと考えることが肉の思いです。時間、空間をそのまま真実として受け取ることが肉の思いです。ところが、般若心経は肉の思いを痛撃しているのです。ここに般若心経のすばらしい発想があるのです。私たちは般若心経の思想を踏まえることなしには、新約聖書の真髄を掴まえることができないのです。

般若心経は色即是空とはっきり言っています。色即是空ということは、時間空間が空であるという意味です。

日本人は般若心経をさんざん読んでいながら、色即是空が全然分かっていないのです。日本中に一千万人の般若心経の愛好者がいて、毎日読んだり、写経をしたりしていますが、その意味が全く分かっていないのです。何というずぼらな読み方をしているのかと言いたいのです。

色即是空ということは、時間空間は空であるということです。

中国禅の第三祖僧鑑智禅師の著作と言われる信心銘に、「欲得現前莫存順逆」という有名な言葉があります。

現前というのは、現実ではなくてリビングのことです。リビングそのものです。これは自分の命を知るために、また、聖書の真理を捉えるために絶対必要な要件です。

現前とは今、今です。今という間に今はなし、今という間に今は過ぎ行くのです。これを裏返して言いますと、今と言いつつ今はあり、今、この今こそはとこしえの今になるのです。今という時間の他に永遠はないのです。今という時間は永遠に通用するのです。三年たとうが、三百年たとうが、三万年たとうが、今は必ずあります。

今という間に今はなしというのは、般若心経の言い方です。今という間に今は消えているのです。

命という観点から見ますと、今と言いつつ今はあるのです。この今こそはとこしえの今というのが、聖書の観点です。

一時間という時間があるのではない。もちろん一年、二年という時間があるのでもない。もし固定した時間があるとしたら、物理運動が成立しないのです。

固定した時間というのは、停止した時間ということです。一秒間という時間が停止しますと、物理運動も停止してしまいます。エネルギーの原理は消えてしまうのです。

時間がなければ物理運動は存在しません。従って、もし時間があれば物理運動は継続します。

他方、時間がなければどうなるのかと言いますと、時間がなければ初めから物理運動は存在しないのです。一秒間という時間がなければ物理運動は存在するはずがないのです。

水素原子は、原子核の回りを電子が回転しているから存在しているのです。一秒間に一億四千五百万回という恐ろしい猛スピードで電子が回転していると言われています。

一秒間という時間があるから、一億四千五百万回回転しているのです。一秒間という時間がなければ水素原子は存在しないのです。水素原子は地球の九十%以上を占めていますから、もし水素原子がなければ、地球は存在しないのです。

時間があるから物理運動が成立しているのです。ところが、もし一秒間という停止した時間があれば、物理運動は成立しないのです。

そこで困ったことになるのです。時間があっても、時間がなくても、物理運動は成立しないのです。

そうしますと、エネルギーとは何なのか。エネルギーはあるが時間はないのです。物理学者は一秒間に電子は一億四千五百万回回転していると計測しています。物理運動を計測しているのです。

科学は計測しています。計算しています。推測することはできますが、原理を突き止めることはできないのです。

科学は時間の存在を証明することができません。時間が存在するという仮説を信じているのです。科学はすべて仮説の上に成立しているのです。生理学でも、経済学でも、政治学でも同様です。仮説を踏まえなければ成立しないのです。

すべて人間の学問は、仮説を踏まえてでなければ成立しない概念です。学問を信じていると命の本体は分かりません。

学問が信じている時間は現実であって、現前ではありません。リアリズムは現実を信じる思想であって、現前を信じるのではないのです。

現前は今という瞬間です。これが現前です。それでは今という時間はどうしてあるのか。今、皆様は鼻から息を出し入れしているのです。

リビングは今がなければ成立しないのです。今があるからリビングがあるのです。リビングが今そのものを意味しているのです。

今、鼻から息を出し入れしてるこの瞬間の命が分かりますと、永遠の命が分かるのです。現前の命が分かりますと、永遠の命が分かります。そうすると、皆様は死を乗り越えることができるのです。

般若心経や信心銘は原理の説明はしていますけれど、現前の実体が何であるのかの説明をしていないのです。これをイエスが説明しているのです。

死をどうして乗り越えられるのかということですが、現前の実体が分かれば乗り越えることができるのです。

現前の実体を掴まえれば、今まで自分が生きていると考えていた思想が間違っていたことが分かるのです。

人間はこういう勉強を、今日できなくても明日したらいいだろうと考えるのです。これが本当に生きていない証拠になるのです。

人間には明日という時間が保証されていないのです。明日があるに決まっているという保証はないのです。たぶん明日があるだろうと考えるのです。ここに人間の無責任さがあるのです。

明日でもいいだろうと考えるのは常識です。命ではないのです。現前という考え方は、今ここに存在しているという実体を捉えているのです。

存在の当体が分かりますと、死の権威を乗り越えることができるのです。これは二つの面から言えるのです。

一つは哲学的に死を乗り越えるということです。もう一つは歴史的に死を乗り越えるということです。この二つがいるのです。哲学的にだけ死を乗り越えてもだめです。歴史的な客観性がなかったら本当に死を乗り越えたとは言えないのです。

実は現在の世界歴史の流れというものの中に、イエスの復活という驚くべき事実があるのです。イエスの復活という問題を再発見しますと、自分自身に死がないことが分かるのです。

暦年とはどういうことかです。西暦紀元ということです。暦年算定の基準にキリストを置いているのです。BCとADとがあります。キリスト以前とキリストの日という区分をしています。

なぜキリストを中心にして暦年算定をしているのか。キリスト以前の人間存在と、キリスト以後の人間存在とは、人間の命が本質的に変化しているのです。

キリスト以前には、人間が生きているという概念が通用した時代です。キリスト以後は、個々の人間は生きていないという立場から人間を見なければいけないのです。ここにキリストを学ぶということのとんでもない意味があるのです。

キリストを学ぶためには、まず色即是空が分からなければいけないのです。色即是空が分からなければ、本気になってキリストを学ぶことができないのです。

死という人格が宇宙に発生したのです。宇宙の本質は命です。ところが、宇宙に死が現われた。どうして現われたのか。命を否定する人格、闇、アウトロー、即ち悪魔が現われたからです。

死とは何かと言いますと、生の影です。生を本当に確立しようと思いますと、死を学ばなければいけないのです。

人間は、ただ生まれたままの状態で生きていたら、生とは言えないのです。なぜかと言いますと、命の本質を理解しないままで生きているからです。

命の本質を理解しないままの状態を解脱するのです。一度自分自身を捨ててしまうのです。

これが五蘊皆空を受け取った状態です。

五蘊皆空を体得して、自分の命を捨ててしまうのです。そうしますと、本当の生が分かってくるのです。本当の生を見い出すためには、死はどうしても必要です。

死の則が宇宙に現われたということは、宇宙に本当の命が確立されることになったということです。本当の命が確立されるためには死が現われなければならなかったのです。これを悪魔の出現と言うのです。

使命感があるかないかが、ほとんど決定的なポイントになると思われるのです。命がはっきり分かれば、自ら使命感が発生するに決まっているのです。

なぜかと言いますと、命は天地の構造です。命は天地が始められた者の考えです。絶対者、創造者の考え方です。地球が発生したことの中に、創造者の意志が読み取れるのです。

死の法則が宇宙に現われたので、命の法則が現われたのです。死の法則がなかった時には、生の法則もなかったのです。

それまでの宇宙は無限であったのですが、だらだらとした無限であって、ただ意味がない無限でした。これは本当の高貴ある無限ではありません。栄光ある無限ではないのです。本当の命と言えるような無限ではなかったのです。

死が発生したということは、命の本来の姿が闡明されるべき時が来たということです。悪魔が現われたということは、神の実体が顕示されるべき時が来たということです。

死というのは弁証法的原理の基本であって、アンチテーゼの基本になるのです。宇宙に死が発生したことによって、膨大なアンチテーゼが発生したのです。膨大なアンチテーゼが発生したことによって、宇宙が合法的、合理的に進化する可能性が発生したことを意味するのです。

私たちは生まれながらにして肉の思いで生きています。肉の思いで生きているということが、とりもなおさず正しい命を確認するために生きているということです。

私たちは死ぬべき命で生きていますが、これは生きていることを意味しないのです。死んでいる状態で生息しているのです。

私たちはただ一つ、命を求める道があるだけです。死んでいる状態で生息しているのですから、正当に生きているとは言えないのです。そこで、生息している状態を通して生きる道を見い出すのです。これが私たちに課せられた責任です。

この責任を全うすることができる者は、来たらんとする世界において、神と一緒に住むことができるのです。これは地球が完成された後のことです。

新約聖書には、来たらんとする新しい世界を誰にゆだねるかと書いているのです。これは宇宙の運命に気付いた者、本当の命に気付いた者に、新しい世界をゆだねると明示されているのです（ヘブル人への手紙2・3〜7）。これをキリスト計画と言うのです。

キリスト計画というのは何か。死ぬべき条件で生かされていて、死ぬべき条件を逆に利用するのです。私たちは死ぬべき条件で生かされているから、命を掴まえることができるのです。

もし死んでしまうに決まっている条件で生息していないのなら、命を探り求める気持ちがおきてきません。私たちは死ぬに決まっている条件で生かされている。だから、命の光を掴まえることができるのです。

ここにチャンスがあるのです。命の真髄を掴まえるために生きているのだということに気付いた方は、使命感が与えられた人です。

マイナスがあることは、プラスがあることを証拠立てているのです。

皆様は現世に死んでいる状態で生息させられているのですけれど、これには限界があることを考えて頂きたいのです。限界がなければ、明日しよう、明後日しようという気持ちでいいのです。

皆様が五百年も千年もだらだらと生きていられるのなら、今日することはありません。ところが、皆様の寿命には限界があるのです。限界があることを自覚することができる人は、使命感が自ら発生するのです。

本当の命を掴みたい、死から脱出したいと考えていることは、キリスト計画の正当な後継者であることを意味しているのです。

生きるか死ぬかの問題は宗教ではありません。これは世界の歴史を正しく理解するかしないかということになるのです。

世界の歴史を正しく理解したら、皆様は世界を指導する責任者になれるでしょう。世界の歴史を指導するということは、来たらんとする新しい世界の指導者であることを意味するのです。

皆様は死んでしまうべき人ではないのです。永遠の命という、人類最高の理想に駆け登ろうという意志を持っていることに気付いて頂きたいのです。

私が今勉強していることは、世間の人々には全く受け入れられないことです。今の人々は歓迎しないでしょう。

私たちは苦言を呈することばかりを言っているからです。世間の人々が喜ぶようなことを言っていないからです。現在の人間が間違っているということばかりを言わなければならないのです。

本当のこと、真実を言えば世間の人々はついてこないでしょう。ところが、皆様は私についてきたいと考えています。

世間並みの人なら、真実には耳を閉ざすのが当たり前です。世間の人は自分の耳触りの良いことなら賛成しますが、自分を捨ててしまいなさいということに賛成できる人は、めったにいないのです。

永遠の世界に有限の世界が現われたのですが、目に見える現象世界という有限の世界が現れたのです。これは死を意味する世界です。淵のおもてに座する者は、自らこの有限の世界を選んだのです。

淵は本質的に空であり未来への希望はないのですが、闇の人格は自らそれを選択したのです。彼はそれに未来がないこと、希望がないことを知っているけれど、それしかないもののように思い込んでいるのです。その意志が肉の思いによって殺されているからです。

淵とはどういう所かと言いますと、川の流れが滞っている所です。聖書はこれをわだと言っています（創世記1・2）。

創世記の一章一節に、初めに神が天と地を造ったとあります。初めとは、時間空間が始まる前の時を指しているのです。時間が発生する前の時期を指しているのです。これが初めです。

天と地を創造されたとありますが、これは現存する天と地ではないのです。天という法則、地という法則を意味するのです。

天という言葉は法則を意味するのです。地も法則です。天というのは霊なる法則、地というのは肉なる法則を意味します。まず法則が原理的に設定されたのです。

時間、空間が発生する前に、天という法則と地という法則が設定されたのです。これは万物ができる前のことです。

二節に、「地は形なく、むなしく、闇が淵のおもてにあり、神の霊が水のおもてを覆っていた」とあるのです。

地は形なく、むなしくというのは、地球が現在のように形があるものではなかったのです。全くの混沌たる状態であった。いわゆる星雲状態だったのです。

形なく、むなしくというのは、存在する価値がなかったと言っているのです。地球の前進は存在する価値がなかったのです。存在していたが、ただ漫然として存在していたのです。虚無的な、虚妄的な状態で太陽系宇宙があったのです。

闇が淵のおもてにあったと言っています。闇は光の反語でありまして、これは死を生み出す元になっているのです。人間の原罪、死を生み出す基礎になっているのです。

闇は光の反対です。これが死を生み出す人格を持っているのです。死を生み出す根源的な人格が闇です。

闇が淵のおもてにあった。淵というのは水の流れが停滞している所です。水の流れが停滞していると、どろんとした滞りになるのです。

ちょっと見ると、淵があるように見えるのです。水が停滞しているから、淵があるように見えるのです。ところが、実は淵はないのです。水が停滞しているという事ががあるだけです。

水が停滞している事がらが、淵として見えるだけです。淵という絶対があるのかと言いますと、ないのです。淵は一瞬の状態ですが、これが永遠のように見えるのです。

般若心経で言いますと、淵というのは色になります。現象世界の全体を、般若心経は色と言っているのです。

色の上に闇がいたのです。色のおもてに闇が座り込んだのです。これが悪魔です。悪魔は現象を実体のように考えたのです。

人間は時間、空間が存在する、家があると考えているのです。これは悪魔の考え方です。実は家はないのです。ないけれども人間にはあると思えるのです。なぜあるように見えるのかと言いますと、人間と魂の関係、神と魂の関係を見ていかなければならないのです。そういうことを勉強すると分かるのです。

家があると思えるのはこの世だけに通用する人間の常識です。家は永遠の存在ではありません。皆様の体も永遠の存在ではありません。数十年しか生存していない皆様の気持ちで、数十年しか存在しない家があるに決まっていると考えることは、数十年の合理性しかないのです。

数十年間の合理性はありますけれど、永遠の合理性にはならないのです。皆様の霊魂は、永遠の命を探索するために生まれてきたのです。永遠の真理、絶対の真理を見極めるために、この世に生まれてきたのです。この世に生きるためではありません。

この世に生きていても仕方がない。ただ死ぬだけです。そうすると、現世における皆様の常識や合理性は、現世における合理性に過ぎないのです。

淵というのは水が停滞して起きている現象に過ぎないのです。水が流れているということはありますけれど、淵は実体ではない。ただの現象に過ぎないのです。

皆様の肉体も同様です。肉体は毎日流れているのです。皆様の体の中の血液はいつも流れています。血液が絶えず流れているように皆様の肉体もいつも流れているのです。人間を形成している細胞は、たえず新しくなっているのです。一年もしたら、全く別人になっているのです。

皆様の肉体は生理機能として、現象的に存在しているけれど、固定的には存在していないのです。皆様の肉体そのものが淵です。これは数十年の間は存在します。水が停滞しているというのは、ある一定の時間は滞っています。

淵は、表面は水が停滞しているように見えますけれど、淵の底の方はどんどん流れているのです。その証拠に、淵にボウフラが湧くことはないのです。

淵は流動することを踏まえて存在しているのです。皆様の肉体も流動することを踏まえて存在しているのです。従って、肉体があるのではなくて、流動している状態があるのです。ところが、表面を見ますと肉体があるように思えるのです。これが肉の思いです。

肉という言葉は、形はあるけれど実体がないことを示しているのです。人間の常識は肉の思いをそのまま信じ込んでいるのです。この状態は死ぬべき状態になるのです。

淵のおもてに闇が座り込んだ。この状態が宇宙に発生した。永遠の宇宙に限定的な世界が発生したことを意味するのです。

有限の世界は死を意味する世界です。宇宙には有限の世界はなかったのです。ところが、有限の世界が発生したことによって、死が発生したことを人間に告知しているのです。

時間、空間があるということは、皆様の理性に死があることを神が示しているのです。現在の現象世界のあり方は、裁判所の告知板の役をしているのです。官報の告知板のような役をしているのです。

時間や空間が発生したことは、やがて地球が消えてしまうこと、人間は死ぬに決まっていることを示しているのです。宇宙に死という方則が発生していることを、神が皆様に知らせているのです。

人間がこの世に生まれてきたことは、死の世界、有限の世界を経験するためです。この世に出てきた皆様の霊魂が、有限の世界の虜にならないで、これを突破することができれば、無限の世界を発見することができる。これを般若心経は色即是空、空即是色と言っているのです。

色というのは淵です。実際には存在していないのです。闇が淵のおもてにあった。しかし、神の霊は水のおもてにあったのです。

神の霊は現象世界の上にはないのです。水の流れのその上にあるのです。永遠の真理は淵の底に水が流れている所にあるのです。淵の底に水が流れているというのが、神の働きです。

淵の表面は闇の働きです。

闇の働きと光の働きがあるのです。闇が上にあって、光が下にあるのです。こういう格好で皆様の前に現われているのです。

皆様の常識は淵に同調しているのです。心の奥底、魂は淵の底に同調しているのです。淵の表面と底が、皆様の心理状態をそのまま現わしているのです。

創世記の一章二節は、現在の人間の迷いをそのまま現わしているのです。闇が淵の表面にあった。人間の本当の思索方式は、底を流れている水の動きです。

皆様の顕在意識である常識は、現象を実体としています。潜在意識である魂の働きは、それを実体としていないのです。魂は、現在人間の生活が間違っていることを、いつも警告しているのです。

人間は肉の思いが拘束されたものであり、未来がないこと、死ぬべきものであることを知ってはいるけれど、自分が肉そのものだから、この思いを神とするしかないと思い込んでいるのです。これが間違いであることを感じながら、この思いから脱出しようと思わないのです。そして、自ら自滅する道を歩んでいるのです。これは肉的には存在する自分がいると思っているからです。

人間は肉体が存在するという気持ちで生きていますから、肉の思いで生きるのは当たり前だと思っています。

ところが、肉体が存在するというのは、本当ではないのです。肉というのはコンディションを意味するのです。淵というのもコンディションです。表面の状態です。

表面の状態は目で見ればあるように思いますが、実在はしていないのです。目で見れば人間の肉体生活はあるように思えますが、実在していないのです。ケルケゴール、ハイデガー、サルトルなどが言う実存哲学はここを指摘しているのです。

死ぬに決まっている状態で人間が生きているのは、甚だ不条理であり、不合理であると思うのです。なぜ人間は死ななければならないのか。人間を待っているのは死に決まっている。自分のしたいことができない。平和を実現したいと思っても、なかなか実現できない。自分の心に本当の安心がない。これが実存哲学です。

肉体的に存在する自分を認めると、人間の存在は実存的存在になるに決まっています。顕在意識は肉体を認めていますが、潜在意識はそれを認めていないのです。

そこで、潜在意識の角度から人間の顕在意識を考えますと、実存哲学が起きるのです。ケルケゴールはこれを言っているのです。

ケルケゴール、マルクス、フロイト、ダーウィンは近世の人間にショックを与えているのです。マルクス、フロイト、ダーウィンはユダヤ人ですが、ユダヤ人は現世に生きている人間の気持ちに、ある混乱を起こそうとしているのです。

そうすることによって、政治的変革、経済的変革を意図しているのです。現世に生きている人間に当惑を与えようとしているのです。当惑を与えることによって、現世の政治経済に矛盾を感じさせる。新しい指導者を待望する風潮を、世界に巻き起こそうと考えているのです。これは現世的な革命思想です。これがユダヤ人の考えです。

これがユダヤのメシア思想です。しかし、本当のキリストではないのです。

ユダヤ人は現世で王国を造ろうと考えているのです。現世で平和を実現しようと考えているのです。この考え方は現在の人間には共鳴できるのです。世界に平和を実現しようと考える。人間的な意味での平和を実現しようと考えるのです。これは非常に良いことのように思えるのですが、形式的な平和をいくら実現してみても、人間の霊魂に平和を与えないままでは、矛盾が起きてくるのです。

これまで世界に何回も革命がありました。ユダヤ人は世界全体に革命を起こそうとしているのです。これがマルクスの理想でした。

資本主義は資本による革命です。社会主義は社会による革命です。革命のやり方が違いますけれど、革命という点から言えば同じことです。

ユダヤ人は何回も革命を繰り返すことによって、ユダヤ人を盟主としなければ、世界に本当の平和が来ないことを知らせようとしているのです。

ユダヤ人を盟主にすることが、運命的な流れであると思わせようとしているのです。米、ロシアが提携して表面的な世界平和が現われるでしょう。ところが、大破綻を来たらすことになるのです。

こういう訳で、世界歴史はユダヤ人の動きによって読めるのです。

神がユダヤ人とどういう係わりを持っているのか。天地創造という問題と、ユダヤ人問題との係わりを知って頂きたいのです。

皆様の霊魂の問題を解決するためには、世界歴史の流れを無視してはだめです。人間の霊魂は歴史と共に存在しているからです。

私たちは歴史の真ん中でなければ生きていけないのです。歴史の真ん中において、歴史が持っている根本的な欠陥に気付くことです。これが必要です。

現在の歴史は人間の流れを管理するような形を取っていますけれど、根本的な欠陥があるのです。人間が何のために生きているのかについて、今の文明は全然説明ができないのです。だから、人間の霊魂に本当の平和を与えることができないのです。

私たちは今生きていますから、この文明にいちいち反対する必要はありません。電車やバスに乗ったらいいのです。快適な生活をしたらいいのです。私たちはこの世で生きてはいますけれど、この世は非常に危険な世界情勢の上に乗っているだけです。永遠の生命を確認しようと思いますと、この世が存在することについて、一皮むいてしまわなければならないのです。

人間は肉の思いに閉じ込められていますから、色即是空を本当に実感したいと思うけれど、なかなか実感できないのです。般若心経を読むことは簡単ですけれど、色即是空を実感したいと思ってもなかなか実感することができないのです。これを理解することがなかなかできないのです。

皆様にはそれぞれ自分の主観があります。これが肉の思いです。これを解脱しなければ命を掴まえることができないのです。

闇が淵のおもてに座している。これが皆様の主観的な状態です。

皆様の本当の命はどこにあるのかと言いますと、神の霊が水のおもてを覆っているということです。これが皆様の命の状態です。

皆様が生きている表面の状態と、命が皆様の底を流れているという状態とは、正反対の状態になっているのです。これをどうして調整するのかということです。

これは大きな立場から、スケールを大きくして考える必要があるのです。人間は自分自身の思いに縛られているのです。何十年間の記憶によって、自分はこういうものだと考えているのです。

人間の脳には後頭葉と頂頭葉と前頭葉とがあるのです。過去のことは後頭葉で考え、現在のことは頂頭葉で考え、未来のことは前頭葉で考えているのです。頂頭葉と前頭葉を指導するといいのです。

皆様の記憶の状態や認識の状態は、後頭葉がしているのです。後頭葉が前頭葉を引っ張ろうとしているのです。

未来に対する考え方は前頭葉から発生するのです。前頭葉が後頭葉に同意しないのです。前頭葉が後頭葉に引っ張られるとどうなるのか。

皆様は今まで肉体的に生きていたのです。肉体的なことしか知らないような記憶状態を中心にして生きていました。この感覚によって前頭葉を考えようとしますと、今までの経験を未来に応用しようと考えるのです。これが欲望になって現われるのです。

欲望は未だ見ないことです。おいしいものが食べたいと思うのです。家に帰ったらお酒を飲みたいと思う。未来は前頭葉から出てくるのですが、これは後頭葉によって考えようとしているからです。

前頭葉が肉体的な意識で用いられることになりますと、肉欲的意識になって現われるのです。これはやむを得ないことです。

人間は未来を予期する気持ちがありながら、それを過去の意識で用いるのです。そこで、欲望の奴隷になるのです。これを切り替えなければいけないのです。何とか前頭葉が正当に働くようにしなければいけないのです。

そこで、リビングに目を付けるのです。リビングは神という理想に向かって生きているのです。そうすると、皆様の前頭葉が理想に向かって働き始めるのです。肉欲に向かって働かないで、理想に向かって働くようになるのです。そうすると、使命感が発生するのです。

今までの認識、今までの記憶をできる限り修正して、前向きに考えられるような姿勢を取って頂くためには、現前に対する考えを切り替えていかなければいけないのです。後ろの記憶や認識に気兼ねしているからいけないのです。人間は後ろ向きに生きているのです。現前における皆様の生き方は、前頭葉において生きるのです。前頭葉に生きることになりますと、未来に向かって生きることができるのです。

これは精神工学になるかもしれません。皆様のマインドをどのように切り替えるかということです。これが神との交わりに繋がっていく方法です。

前頭葉を通して神を掴まえることができるのです。前頭葉が求めているものは未来であって、まだ見ていないこと、まだ経験していないことを確認するのです。今晩帰ってからおいしいものを食べようと考えているのです。

現前に生きつつある状態のままで、神に繋がろうと考えますと、前頭葉が応援するのです。前頭葉の意識が前向きに働き出すのです。

皆様の良心は最高の善を求めています。最高の善とは何かと言いますと、愛です。愛が最高の善です。これ以上の善はありません。皆様の良心はそれを求めているのです。

理性は最高の真理を求めているのです。神が分かりますと、最高の愛と最高の絶対真理が分かるのです。そこで、皆様の魂が本当に満足することになるのです。そうして、永遠の生命が見えてくるのです。

永遠の命の実体は、最高の愛と永遠の真理です。これが分かりますと、死なない命がはっきり分かるのです。これをどうしても掴まえて頂きたい。できるのですからして頂きたいのです。

肉体人間はいないのです。神の言《ことば》である理性と良心とが、肉となってこの世代に現われているだけのことです。これは肉体人間を意味しないのです。地球のエネルギーが、神の言によって組織的、統合的に作動して、ちりに形態が与えられただけのことです。ちりによって人が造られたという言い方は、現在の学問的な思想で考えたら、全く幼稚極まりない、荒唐無稽な言い方になりますが、実体を捉えた、非常に正確な表現になるのです。

創世記が書かれた当時には、現在のような学問的な言い方がなかったのですが、極めて適切な言い方になると思われるのです。

これは神の言の働きであって、その働きがあるだけのことです。肉体があるのではないのです。魂が宿るための幕屋として仮に形態を取らされているのです。現象体としての総合体があるだけのことです。

これは経験するためのポイントであって、存在すると言えるものではないのです。

人間は生まれる前にどこでどうしていたのか。これは宗教や哲学では絶対に分かりません。私は宗教ではない聖書を勉強していますので、これが説明できるのです。

聖書によりますと、生まれる前の人間のことを、土のちり（the dust of the ground）と書いているのです。グラウンドのちりです。地のちりと訳したらいいと思います。地のちりであるものに形を与えた。これが人間です。もっと分かりやすく言いますと、地球のちりである人間に形を与えたのです。

これを日本語の聖書では、土のちりで人を造ったと訳していますが、これは正しい訳ではないのです。土のちりで人を造ったと訳しますから、ちりがたくさん集まって人間の格好になったと考えるのです。「天地創造」という映画にそういうシーンがありましたが、これは全くのお伽話です。

地球に太陽光線が直射しない原因は何でしょうか。森羅万象が地球に満載しているのはなぜでしょうか。生命現象が地球に満ちている原因は何でしょうか。

地球にちりの層がなかったら、大気圏に膨大なちりの層がなかったら、地球上の水はすべて蒸発してしまうでしょう。ちりがなければ地球上の温度は摂氏百度くらいになると思われるのです。夜はマイナス百度とか百五十度になるでしょう。

神は地球を造った時に、まず大空を張ったのです（創世記1・6）。ちりの層を張ったのです。重厚なちりの層が大空です。神が地球に生物を発生させるために、学者が考えられないことをしたのです。膨大なちりの層を張ったのです。

太陽光線がちりの層を通って、地球に到達するように仕向けたのです。そのために、地球に生命が繁茂しているのです。

大空の正体はちりです。人間が造られた元はちりでした。とにかく、人間は奇妙不思議なものであって、人間は神に直属する水のおもてと同じものです。

神の霊が水のおもてを覆っていた。水のおもてということと、大空ということは本質的に同質のものです。こういうことがキリスト教では全く分かりません。

宇宙には神の御霊があります。これは宇宙全体の指導霊です。宇宙全体の指導霊は、命のエネルギーがそのまま心理機能として、人間の内に働いているのです。

私が言っているのは私の思想ではありません。神の御霊の思想をそのまま述べているのです。神の御霊というのは、皆様の心臓を動かしているエネルギーです。生理的なエネルギーはそのまま心理的なエネルギーになるのです。

エネルギーは一つしかありません。心理的にも生理的にも一つのエネルギーが両方に通じているのです。これによって聖書を見ているのです。

このためには、霊魂が神の御霊を受け取ることが必要になるのです。このことは心霊現象をよく研究すると分かってきます。

人間の霊魂は自分自身で求めてはいますけれど、自分自身で自分以上のことを考えることはできないのです。

人間が人間を教育してもだめです。現在の学校教育のような不完全なことはできますけれど、学校教育では人間の情緒の目を開くことはできません。

学校教育は知能的な能力を活用することばかりをしています。知能の啓発をやればやるほど、人間の情緒は委縮してしまいます。これは困ったことです。

知能の啓発をすればするほど人間の情緒は委縮するのです。明治時代の日本人よりも明治時代以後の日本人の方が、情緒的に堕落しているのです。

明治時代以前の日本人は、現在ほど知能の啓発をしなかったのです。学校教育をやかましく言わなかったのです。だから、日本人は真面目に考えたのです。幕藩体制という非常に不合理な体制に置かれていても、真面目に従わなければならないと考えていたのです。

先生の横面をなぐる生徒は一人もいなかったのです。学校教育のために人間の真心がなくなってしまったのです。前頭葉のことを考えずに、頂頭葉と後頭葉のことばかりを考えることになったからです。

人間の情緒は前頭葉にあるのです。未来を見ること、芸術的な感覚とか、目に見えない世界、不可聴の世界を考えるのは、前頭葉です。

学校教育のために前頭葉を活用しなくなったのです。だいぶ前に亡くなられた奈良女子大学岡潔教授が、「学校教育のために人間の情緒がだめになった。学校教育はだめだ」としきりに言っていました。それならどういう教育をしたらいいのかということが、岡潔教授は全く分からなかった。神を知らなかったからです。

神が分からない人に本当の教育はできないのです。

人間が人間を指導することは間違っています。馬が馬を指導できないのです。神でなければ人間を指導できないのです。

犬を指導するのは犬ではないのです。警察犬の訓練をするためには、人間の理性が必要です。犬が犬を訓練しても、盲導犬や警察犬は絶対にできません。

学校教育は犬が犬を訓練しようという方法です。どんな利口な犬でも犬の指導はできません。どんな利口な人間でも人間の指導はできません。これをしているのがユダヤ主義です。ユダヤ人の根本的な考え違いがここにあるのです。

現在の学校教育のアイディアは、皆ユダヤ思想から来ているのです。

私たちはユダヤ思想を突き破ることが必要です。ユダヤ人の指導ポストにいる人々に、本当の神はこれだということを教えてあげるのです。

ユダヤ人が考え違いを改めたら、世界に本当の平和が実現します。本当の世界平和の実現は、ユダヤ人の間違いを修正するしかありません。

現在の白人文明を指導しているのはユダヤ人です。このユダヤ人を覆すのです。こういう遠大な思想を持っているのは、私たちしかいません。

皆様にお願いしたいのは、本当の命を知って頂くことです。私が皆様を指導することはできません。私を指導している御霊が、私を通して皆様を指導すればできるのです。

私を指導しているのは私自身ではありません。私の上にあるものが私を指導しているのです。
新約聖書には上という言葉があります。「あなたがたはキリストと共に甦らされたのだから、上にあるものを求めなさい」（コロサイ人への手紙３・１）、「神はすべてのものの上にあり」とあります（エペソ人への手紙４・６）。

神はすべてのものの上にあり、すべてのものを貫いて、すべてのものの内にあるのです。上とは何か。これがキリスト教では全然分からないのです。

空気を貫いて、人間の肉体を貫いて、すべてのものの中にあるのです。神とはそういうものです。私の肉体を貫いている神、私の精神構造全体を貫いている神がいるのです。皆様の生理構造、健康状態、思想状態全体を神が貫いているのです。これを神の御霊と言うのです。

エネルギーとは何かと言いますと、すべてのものの上にあるものです。すべてのものを貫いて、すべてのものの内に神がいる。物理的にも心理的にも、地球全体を貫いているものがある。これがエネルギーです。

エネルギーは学問では分からないのです。これが神の御霊です。

皆様は赤ん坊としてこの世に生まれた時に、完全な命を経験していたのです。赤ん坊として生まれた時の人間のあり方は完全な命でした。

人間は生まれる前に母の胎内で音を聞いているのです。母親を生かしている神のエネルギーがあります。母親を母親としているのは神です。母親はこういうことを知らないのですが、赤ん坊は母親を生かしている神を直感しているのです。

生まれた直後に赤ん坊はお母さんのおっぱいを吸いますが、吸うということをどうして覚えたのでしょうか。赤ちゃんはにこにこ笑いますが、何を笑っているのでしょうか。生まれたばかりの赤ん坊に現世の記憶はありません。母の胎内にいた記憶を思い出して笑っているのです。

赤ちゃんは母親の胎内にいる時に本当の命を生きていたのです。物心がついたことによってばかになったのです。

母親が「私はママよ」と言いますから、母親が本当のママかと思うのです。そうすると、命の聡明さが消えるのです。学校教育によって、人間の真心が消えてしまうように、持って生まれた純真な命が消えてしまうのです。そうして、物心を持つのです。これが間違いの元です。

現在生きている中で、赤ん坊の時のなごりを思い出すのです。これを見つけたら勝ちです。この世に生まれた時の純真無垢な気持ち、本当の命、死なない命を思い出すのです。死なない命が皆様のどこにどうして潜んでいるのかを見つけて頂きたいのです。

それを見つけるのに一番手っ取り早い方法は、イエスが生きていた状態を学ぶことです。イエスはそれをする名人でした。

イエスは「私は父の内にいる。父の内にいるのが私だ」と言っているのです。イエスはどういう気持ちで生きていたのか。これが霊において貧しいということです。英訳で、the poor in spiritです。

心において貧しい人は、天国を持っているのです。皆様の五官の働きの直接感覚だけを見るのです。これを西田幾太郎氏は純粋経験と言っています。西田幾太郎氏は純粋経験という言葉を使っていましたが、自分で純粋経験の生活をしていなかったのです。理屈は間違っていなかったのですが、実感がどこにもなかったのです。

哲学者ならそれでよかったかもしれませんが、人間の霊魂に本当にアピールしようと思いますと、理屈ではだめです。

皆様に純粋経験があります。例えば、月を見ている時、満開の桜の花を見ている時には、花に吸い込まれるような気持ちで見ているのです。これが純粋経験です。

高浜虚子がよく言っていたそうですが、花の俳句をつくる時には、花を見て、見て、見ると言うのです。芭蕉が「夕月や　池をめぐりて　夜もすがら」と詠んでいますが、夜通し月を見ていたのです。これが純粋経験です。

この感覚は生まれながらの命の感覚です。芭蕉は池に映っている月を見ていて、夜通し帰ることができなかったのです。

なぜそんなに月に魅了されたのか。神にぎゅっと掴まえられていたからです。神の実物に芭蕉の心が掴まえられていたのです。

神の御霊に掴まえられていたから、自宅に帰ることができなかったのです。ところが、芭蕉は神の御霊を自分のものにする方法が分からなかったのです。夜通し神の御霊を見ていながら、神の御霊を自分の中に入れることができなかったのです。

そこで、芭蕉は、「旅に病んで夢は枯野をかけめぐる」という悲しい句を詠んでいるのです。芭蕉ほどの達人でも、純粋経験はありましたが、それを自分の生活で生かすことができなかったのです。

皆様には純粋経験を掴まえて頂きたい。そうして、神と交わって、神と一緒に生きる訓練をして頂きたいのです。

どうしたらいいのか。例えば、ミカンを食べたとしますと、甘い味がします。これが純粋経験です。人間の常識や知識が働いていないのです。甘いものは甘いのです。辛いものは辛いのです。これは赤ちゃんの感覚と少しも変わりません。

有難いことに、神は皆様の舌に生まれたままの感覚を与えてくださるのです。この世に皆様が生まれた時の感覚が、皆様の舌に焼き付いているのです。

味を感覚しているということが、とこしえの命を感覚しているのです。そこで、「ああおいしかった」と思うのです。

なぜおいしかったと思うのでしょうか。前頭葉で現前を感じているのです。今、今、今と感じるのは、前頭葉だけです。ああおいしかったと、今感じているのです。

これは皆様の肉体の感覚ではなくて、魂の感覚です。魂が味を感じているのです。このことが皆様に分かりますと、人間を解脱することができるのです。

今まで皆様は人間として食べていたのですが、魂として食べるようにするのです。そうすると、人間の常識からだんだん逃れることができるようになるのです。

生きているということは魂です。味わうということはリビングです。ライフではないのです。生活ではないのです。

リビングが神と皆様が接触する唯一の場所です。神を実感するチャンスは皆様の舌にあるのです。見ることでも、聞くことでも同様のことが言えますが、特に食べることは強い実感を与えられるのです。

芭蕉は、「よく見れば　なずな花咲く　垣根かな」と詠んでいます。よく見るというのが赤ん坊の感覚になるのです。

皆様は生活の中で、毎日飲んだり食べたりしています。それを肉体の意識ばかりでしています。これが間違っているのです。

肉の思いで生きていますから、せっかく飲んだり食べたりしていることが、皆様の命にならないのです。ただ肉体を養っているだけになっているのです。

そうではなくて、自分の命になるような感覚で、魂で飲んだり食べたりして頂きたいのです。

11. 影と実体

聖書の翻訳にはいくつか種類があるようです。これは原本が違うために、いくつかの訳本ができているのです。原本は四種類か五種類あるようです。

なぜ原本が違うのかと言いますと、聖書が最初に造られた当時は、今日のような印刷技術がありませんでしたから、口述筆写したのです。一人が語ったものを、四、五人が速記したのです。その時に速記者の受け取り方のニュアンスが多少違うために、違ったものになったのです。しかし、事がらについては、大きな違いは生じていないようです。

聖書の読み方ですが、キリスト教の人々は、聖書を仏典を勉強するのと同じような感覚で勉強しているのです。論語を学んでいるのと同じような気持ちで学んでいるのです。これがいけないのです。

聖書は字句の勉強よりも心の勉強の方を先に考えないと、聖書の正当な学び方にならないのです。正当に聖書を学ぶということが、日本人にはほとんどできないのです。

西欧の人々も同様です。なぜかと言いますと、現在の人間が理性と言っているのは知性です。よほど良く言っても理知性です。純粋の理性ではないのです。これが聖書を勉強できない原因になっているのです。

聖書は神が人間の魂に向かって呼びかけているものです。人間に呼びかけているのではないのです。人間がいくら学んでも、必ず宗教になるのです。

人間が学ぶということが、キリスト教の原点になっているのです。私がキリスト教が間違っているということの根本原理は、聖書の見方が間違っているということです。

聖書は神の思想を人間の言葉で書いているのです。神が預言者に語り、預言者がそれを発言したのです。例えば、天理教の場合には、天理王の命《みこと》なる者が教師に告げる。教師がそれをおふでさきという格好で現わす。この点はよく似ているのです。

ところが、神が違うのです。天理教の神は人間に味方する神です。人間と同質の感覚で、位置が少し高い所から発言するのです。これが日本の神道の神です。

孔子や老子の場合は、また違いますが、日本神道の神と同質の神です。同質であるが位置が高いのです。聖書の神とは全然違うのです。

聖書の神は人間と同質のものではありません。人間と同質ではないということは、人間のために人間に味方をしている神ではないということです。現在の人間を否定する立場から神は発言しているのです。

これは当たり前のことであって、聖書以外の神は人間に味方する神です。しかし、聖書の神だけは人間を敵にしているのです。

なぜかと言いますと、現在の人間は死ぬに決まっているのです。死ぬに決まっている人間に味方すると、死を認めることになるのです。

死ぬに決まっている人間に味方することは、死ぬということを認めることになるのです。聖書の神は死なない神です。天理教の神、日本神道の神は死にますし、仏教の仏も死ぬのです。宗教の神で死なないものはないのです。

死ぬ神と死なない神とがあるのです。天地を造った神は死なない神です。ところが、天地が造られたことによって発生した神は、死ぬ神です。

天地が造られたことによって発生した神があるのです。これが日本のあらゆる宗教の神です。天照大神《あまてらすおおみかみ》であろうが、大山祇神《おおやまつみのかみ》であろうが、日本の神は全部、地球ができて日本ができてからできた神です。この神は必ず死にます。地球そのものが死ぬからです。こういう神を信じても仕方がないのです。こういう根本的なことをまずご理解頂きたいのです。

聖書の神は死ぬ人間に味方をしません。死ぬ人間を突き放すのです。考えろと言って突き放すのです。この神に甘えてもだめです。きつい神です。そこで、日本で神道を勉強する人とか、仏教の勉強をしている人が旧約聖書を読みますと、ひどい神だなと言うことになるのです。

人間を平気で殺すからです。なぜなら、初めから人間を相手にしていないからです。何を相手にしているのかと言うと、魂を相手にしているのです。

本当の神は人間の霊魂を相手にするのです。宗教の神は人間を相手にするのです。これをご承知頂きたいのです。

家族とは何か。この世の家庭は影です。肉体人間も影です。この世の国も影です。この世にあるものはすべて影です。

家族は霊魂と神との関係の影になるのです。神と人間の霊魂との関係には原形がありますが、この影が家族になって現われているのです。

影を掴まえて、これが実体だと思ってしまいますと本物が分からなくなるのです。現世の家族はどれだけ親しくしていようが、どれだけ頼りあっていようが、必ず死んでしまうのです。死んでしまったらだめになるのです。それで終わりです。

全世界の肉体人間に共通する欠陥は、肉体人間という立場から考えることです。肉体人間の立場からすれば当たり前のことですけれど、肉体人間は人間の本体の影です。必ず死ぬということが肉体人間の運命です。必ず死ぬものを本物だと思い込んでいますと、影を捉えていることになるのです。

詩篇三十九篇六節に「まことに人は影のように、さまよいます」とあります。ヤコブは、「あなたがたはしばしの間現われて、たちまち消えていく霧にすぎない」と言っています(ヤコブの手紙4・14)。

人間が肉体的に生きているのは霧のようなものです。もやのようなものです。影のようなものです。

人間は肉体的に生きている影の自分を自分だと思い込んでいるのです。この立場から善悪を考えるのです。だから、日本人がいう理性は本当の理性ではないのです。理知性です。

老子ほどの達人でも、これが分からなかったのです。老子は達人でしたが、神の子ではなかったのです。孔子もそうです。孔子も達人ではありましたが、神の子ではなかったのです。

孔子は「我未だ生を知らず、いわんや死をもや」と言っています。私は生きていることがよく分からない。だから、死のことは分かるはずがないと言っているのです。

これは肉体人間がいう言葉です。老子は無為を説いています。無によって初めて何かが生まれると説いていますが、なぜ無からでなければ生まれないのか。無の本質は何なのかという説明ができないのです。

老子とか孔子という達人でも、この程度のものです。老子や孔子は神から見ますと、子供みたいなものです。日本の天理王命とか、天照大神は、全く子供じみたものです。キリスト教の牧師も神父さんも、ローマ法王も皆子供みたいなものです。

皆様の段階なら長老です。大先生の状態です。ところが、神は質の段が違うのです。

神の角度から見ますと、人間の知恵は皆子供です。人間の知恵は理知性であって、理性ではないのです。純粋の理性は霊を見ることです。命を見るのです。

日本人は霊を見る、命を見ることができないのです。日本人は理知性で見たり考えたりしているのです。もっとはっきり言えば知性です。純粋の理性が分からないのです。知性では人間の命が分かるはずがないのです。皆様の考えは人間の考えですから、命が分かるはずがないのです。

人間の性欲、情欲とは何か。これについてパウロは次のように述べています。

「それゆえ、神は彼らを恥ずべき情欲に任せられた。すなわち、彼らの中の女は、その自然の関係を不自然なものに代え、男もまた同じように女との自然の関係を捨てて、互いにその情欲の炎を燃やし、男は男に対して恥ずべきことをなし、そしてその乱行の当然の報いを、身に受けたのである」（ローマ人への手紙1・26、27）。

この箇所はキリスト教の教役者では絶対に解決することができない所です。この箇所はキリスト教の先生にとって鬼門です。この箇所を質問すると牧師が逃げるのです。説明せずに逃げてしまうのです。牧師自身が情欲の虜になっているからです。

恥ずべき情欲が分からないのです。人間の自然の情欲がなぜ恥ずかしいのか。女を抱きたいと思うのがなぜ恥ずかしいのかということです。

抱くことが情欲ではないのです。パウロは二十六節の前の二十節くらいから書いています。人間は神を知ることができる素質を持っていながら誠の神を知らない。森羅万象によって誠の神が明らかになっているけれど、人間は自分の心が盲目になっているために、誠の神を知ることができない状態になっているということを二十節から二十五節までで書いているのです。そうして、二十六節を書いているのです。

人間は誠の神を神とすることができない心理状態になっているために、恥ずべき情欲に自分を任せているのです。

まず女はそうなったのです。女は不自然の欲に従って自分を用いるのです。女がメスになったのです。女がホモファーベルからホモサピエンスになって、メスが女になったのですが、陥罪によってメスに逆戻りしてしまった。これが原罪の状態です。

本当の女は今の世界に一人もいないのです。この女を本当の女にしなければならない責任が、今の男にはあるのです。

人間文明はこれで終わりです。これ以上発展しません。そこで、人間文明のラストランナーである皆様は、人間とは何であるかという結論をはっきり掴えて頂きたいのです。

まず人間であることの自覚が必要です。人間であるとは男であるという意味ですが、男が男であることを自覚すると、今の女の間違いが分かってくるのです。そこで、女を指導しなければならない責任があるのです。

女は自分で立ち直ることはほとんど不可能です。女は男のために造られたのです。男の方が立ち直らなければいけない。女の方から立ち直ることは難しいのです。

ところが、女は情欲が間違っていることを直感的に知っているのです。自分がメスであることを直感的に知っているのです。これがいけないことが分かっているのです。分かっているから何とかして元の女に帰りたいという気持ちがあるのです。ところが、女は自分でそうすることができないのです。男のために造られているからです。

この世では男に従わなければならないのが女の運命です。この世に生きている女は、この世の運命の女として自分を見なければならないのです。だから、女が先に立って男をリードすることはできないのです。そこで、どうしても責任は男になってくるのです。

こういうことを説明できる人が、世界にいないから困ったものです。

恥ずべき情欲と言っていますが、情欲とは何かです。恥ずべき情欲は英語ではvile passionsとなっています。

情欲とは肉体を持っている人間の感情的な欲望を言うのです。肉体を持っている人間の感情が肉欲です。肉性です。肉の本質に基づいた感情です。

これは不完全なものであって、死ぬに決まっている人間の欲です。これを情欲と言ったり、愛欲と言ったりしているのです。

男が本当に女に対して持つべき愛は、魂としての愛でなければいけないのです。肉体を持っていることを前提とした愛は情欲に決まっています。どんな大人物でもだめです。大僧正でも、管長でもだめです。

肉体を持っている人間を自分だと思っている男は、全部情欲の奴隷になっているのです。情欲と人間の本能とは違うのです。本能としてのセックスは霊です。

本能というのは生まれる前にあった人間の命の本性です。本能というのは動物の本能と同じだと考えているのです。だから、日本人は本能と聞くと、動物的なものだと思ってしまうのです。実は性欲よりも本能の方がはるかに上等です。

ダーウィンとフロイトは肉体人間を正当な人間だと位置づけてしまったのです。ところが、日本の王朝文化の思想を見ていきますと、肉体人間を正当な人間だとは位置づけていないのです。

鴨長明の方丈記には、人間が家を建てて住んでいるのは、虫けらが巣を造っているのと同じだという言い方をしているのです。徒然草でも同じようなことを言っています。

鴨長明も兼好法師も、完全に魂を掴まえていませんけれど、肉体的に生きている人間を完全だと考えていないのです。人間は不完全であって諸行無常の原理に立って人間を見ようとしているのです。

平家物語の冒頭に次のように書かれています。

「祇園精舎の鐘の声　諸行無常の響きあり
沙羅双樹の花の色　盛者必哀の理をあらわす
おごれる人も久しからず　ただ春の夜の夢のごとし
たけき者も遂には滅びぬ　偏に風の前の塵に同じ」

古典文学の中で諸行無常を堂々と語っているのは、平家物語だけです。外国の古典文学の中にはこんなものはありません。これが日本文化の特長です。

このことをよく考えて頂きたいのです。今の日本人はユダヤ人に完全に洗脳されてしまっているのです。今の学問、今の政治、経済は全部ユダヤ主義です。これに占領されているために、鴨長明や吉田兼好のような考え方をする文化人がいなくなっているのです。

日本人が日本の文化の本質を失っているのです。お花もお茶も形骸化しているのです。利休は今のようなお茶をしていたのではない。茶を点てることそれ自体が一期一会だったのです。

今の日本人で、一期一会で茶を点てる人はいないのです。茶の心得があるかないかは、その人の心にあるのです。

皆様は知らず知らずに、近代文明、現代文明によって、良心がごまかされてしまっているのです。理性が濁っているのです。こういう状態でセックスのことを考えても、全部間違ってしまうのです。

王朝文化の時代に小野小町という女性がいました。小町は恥ずべき情欲から抜け出そうとしきりに苦しんだのです。人間の性欲に対して非常に深い疑いを持っていたのです。

今の女は肉体の感覚を情欲的なものとして受け止めてしまっているのですが、これが間違っていることを女は知っているのです。恥ずべき情欲という言葉をパウロが使っていますが、これは男にははっきり分からないのです。しかし、女には分かるのです。

男は情欲が当たり前だと思っているのです。男と女はこれだけ品性が違っているのです。

肉体を持っている人間を認めてしまいますと、セックスが皆情欲になってしまうのです。

肉体的に生きているのは人間ではなくて、魂として生きているのが本当の人間です。

人間の本質は魂であって、肉体ではないのです。従って、魂には情欲が通用しないのです。魂には情欲がないのです。

男性は魂の喜びを理解して、これを女性に指導する責任があるのです。これが男性が女性に対する責任です。

女性は男性の魂としての愛を受け止めようとしているのですが、そういう指導をしてくれる男性がいないのです。そういう男性になって頂きたいのです。そうすると、ピカ一の男性になれるのです。

セックスという問題は非常に大きい広い問題です。人間生活の基本の問題です。これが間違っているのです。この説明ができる牧師さんも神父さんもいないから困ったものです。セックスを真正面から取り組んでいる教師がいないのです。鬼門金神として皆避けて通っているのです。ごまかして通っているのです。

人間の本質は肉体ではなくて魂です。このことを勉強しますと、セックスの問題も分かってくるのです。聖書を本当に勉強していきますと、セックスの問題が解けてくるのです。キリスト教はセックスの問題は全く鬼門金神になっているのです。聖書を正しく勉強していないからです。

今の人間の生活の根本が間違っていることは、セックスを取り上げたら分かるのです。皆様もセックスに対して、今までと同じような感覚しか持っていないとしたら、皆様の魂は眠っています。このままですと地獄へ行くのです。これが非常に危ないのです。

愛とは何か。聖書は男と女が交わることを禁じているかと言うとそうではないのです。禁じてはいけないのです。本質が違うのです。人間が考えているものと、神が考えているものとでは、本質が違うのです。

セックスに対する女の喜びは、非常に高価なものです。この高価なものをどのように男が勉強するのかということです。これが問題です。

神が男に女を与えたというのは、性の喜びの大きさ、深さを、女に与えることによって、男にそれを学ばせようというのが、神の処置の一つだったのです。

男は女の性の喜びを学ばなければならないのです。男は学ぶよりも先に興奮してしまうのです。だから、薬になるべきものが皆毒になってしまうのです。

セックスが今の人間の毒になっているのです。これが人間が地獄へ行く第一の証拠です。最もすばらしい薬が、最も悪い毒になっているのです。

これを転換する所まで聖書を勉強して頂きたいのです。皆様が人間であることをやめて、人間であるという迷いを脱ぎ捨てるのです。人間である迷いというのは、聖書は「古き人」と言っています。パウロはこれを脱ぎ捨てて、新しい人を着よと言っています（エペソ人への手紙4・22〜24）。

新しい人というのは霊魂そのものです。霊魂そのものの人というのは、神の子である人間という意味です。肉体人間という気持ちを脱ぎ捨てるのです。そうして、魂である自分を自覚するのです。

私がお話ししているのはただの教えとは違います。これは命を掴まえるかどうかの瀬戸際の問題をお話ししているのです。教義とか教訓をお話ししているのではないのです。本当のこと、真理をお話ししていますから、これを受け取れば大変なご利益を得ることができますが、受け取らなければ、決定的な永遠の失敗になってしまうのです。

皆様は日本人として何十年の間、世間並みに生きていたのです。これが皆様の業《ごう》です。この世に長い間、業を担いできたので、このまま死んだら必ず地獄へ行くことになるのです。業を脱いでしまう必要があるのです。人間は性という修羅場にいたのです。人間はセックスという修羅場に陥らざるを得ない弱点を持っているのです。これを脱いでしまうのです。

霊魂である自分に気が付いて頂きたいのです。魂という本当の自分を見つけたら死なないのです。死ななくなるのです。本当の自分は初めから死なないのですから、これを見つけるのです。

本当の自分を見つけて、イエスの復活という大事件を受け止めれば、自分の命が新しくなっていることがすぐに分かるのです。ここまで勉強して頂きたいのです。

人間は肉体的に現世に生まれてきました。何十年かこの世に生きていて死んでいきますから、肉体人間は終わりますけれど、魂には生前があるのです。死後もあるのです。

生前がなければ現在の皆様があるはずがないのです。霊魂の能力が五官の本質です。見る、聞くというのは魂の力です。魂の機能的な能力性です。

魂の機能的な能力性は生まれる前からあったのです。生まれたばかりの赤ん坊がお母さんのおっぱいの味を知っているのです。どうして知っているかです。

母親がおっぱいの飲み方を教えていないのに、ちゃんとおっぱいを飲むのです。どうしてできるかです。クモの子は誰に教えられなくても立派な巣を造ります。幾何学的にすばらしく精巧な網を造りますが、どうしてこんなものが造れるのかということです。

生まれる前に本性があったのです。その本性を現世に持ってきて精巧なクモの巣を造ることができるのです。

川の上流で生まれたサケが川を下って海へ出ます。約四年位海にいて、また生まれた川を遡上して元の生まれた場所に帰り、産卵して死んでいくのです。生まれた稚魚の三%から四%が帰ってくると言われています。彼らは何を頼りにして元の川に帰ってくるのか。まだはっきり解明されていないようですが、これが本能です。

皆様の霊魂も生まれる前に神の所にいたのです。この時に神の本性が皆様に移ったのです。この本性に従って皆様は今生きているのです。

人間は本能がなかったら生きていられるはずがありません。これが分かりさえすれば死なないのです。

皆様は肉体人間を自分だと思い込んでいるため、また、ユダヤ主義に汚染されているために、吉田兼好や鴨長明のような考えが持てないのです。

肉体人間は死んでしまいますけれど、霊魂は迷って暗闇の世界に行くことになるのです。生まれてくる前の過去世、現世、現世を去った後の来世の全体をひっくるめて、イエスはホールボディと言っています。ホールボディという立場から、家族のこと、仕事のこと、生活のことを考えるのです。

現世の家族は譬です。家族の影です。例えば、夫婦とは何の譬であるのかを考えるのです。この世の夫婦と本当の夫婦とは違うのです。兄弟もそうです。現世の兄弟と本当の兄弟とは違うのです。

現世の親子、兄弟、夫婦は、譬になっているのです。本当の夫婦は、キリストとキリストによって救われる魂との関係です。これが一番上等です。本当の親子というのは神と人との関係です。

本当の兄弟というのは、永遠の生命を学んでいる同じグループの人々を言うのです。現世の家族は霊の家族の影です。これを学んで頂きたいのです。現世の家族はこの世を去ってしまえば家族ではありません。親も子も、夫も妻もないのです。この世を去ってしまえばそれで終わりです。

魂の方を勉強していきますと、本当の家族が分かってくるのです。現世の家族は影なる家族を勉強すると、本物の家族が分かってくるのです。

皆様は神の子としての運命を与えられているのです。魂として生きている者を神の子と言うのです。皆様が神にいろいろとお世話になっていますと言えば、神はどんなに喜ぶでしょうか。これを父の喜びと聖書で言っています。

神の喜び、父の喜びをあなたがたも喜びなさいと言っています。父の喜びの中へ入っていくのです。そうすると、死ななくなるのです。

年配の方はよくよくご注意して頂きたいのです。肉体の衰えが動作の衰えになってきます。それが頭の働きに影響して物忘れをします。これをそのまま放っておいたらいけないのです。自己訓練をする必要があります。考える訓練をするのです。できたらどんどん歩いて頂きたい。皆様は何十年間かの人生勉強をしていましたが、それは宗教的なもの、文化的なものだったでしょう。自分の霊魂の自覚がなかったようです。

今、現在、現実がここにありますが、なぜこういう不思議なものがあるのかということです。ごちそうがあります。花が咲いています。女がいる。男がいる。これは不思議な現実です。こういうことをもっと深く掴まえて頂きたいのです。

花が咲いたり、ごちそうがあったり、ビールが飲めるのです。この裏にはそうならなければならない絶対性があるのです。これが神です。神がいなければ花が咲かないのです。

この世の中で一番すばらしいのが女性の存在です。詩の塊、愛の塊のようなものが女です。ところが、女自身がそれを知らないのです。自分が詩そのものであることを、女は知らないのです。

女が女であることは神が造った詩ですから、ポエム（poem）よりもっと上等のサーム（psalms）と言えるのです。聖書の詩篇はサームです。

神の言葉が詩になると詩の上等なものになるのです。これがサームです。人間が造った詩はポエムです。女が女であるというのは、神が造った詩です。

ところが、女は自分自身が神が造った詩であることを知らないのです。これを知りたいと願ってはいるのです。これが女の一生の憧れです。これが女のセックスの喜びの本当の意味です。

自分の命が詩であることを女は知りたいのです。女は自分では分からないのです。男に教えてもらわなければ分からないのです。女が詩であることが男に分かりますと、男の神に対する態度がよく分かるのです。

そうして、男が神の女になるのです。これを男は勉強しなければいけないのです。女を勉強すると、男のハートがだんだん女性的になるのです。

男が男である間はだめです。とこしえの命の味は、男が女にならなければ分からないのです。今の女はメスですからだめです。今の女の目を覚ましてあげると、本当の女になるのです。

今の女は形の美しさは分かりますが、味が分からないのです。女であることがどういう味なのか。これが魂が本来あるべき味です。

男が女の姿を見て惚れるのは、自分自身の本来あるべき魂の姿に惚れているのです。

現世に生まれた男は体裁を考え威張っているのです。これは男の欠点ではないのです。これはこの世に現われた霊魂の癖です。お体裁やとか、けちとか、威張りやと見えるのが魂の香りです。これがない人はだめです。

威張ったり、格好をつけたり、けなす所がない人間はだめです。これは男の長所です。こういう人は女に惚れやすいのです。これが男の長所です。

惚れる気持ちがある人は惚れることです。惚れることによって、なぜ惚れたのかということを分解して勉強するのです。これをすると自分のハートが非常に柔らかくなるのです。

実は男のハートは純情さが取られているのです。ハートの純情を聖書はあばら骨と言っています。あばら骨の一本を引き抜いて女を造ったのです（創世記2・21）。

その女に男が惚れるのです。これは男自身のハートの純情さを、女という格好で見ているのです。自分のハートの純情さを外に見ているのです。これが男の恋愛です。

だから、男は恋愛をしないとだめです。人間は恋愛をすると、自分自身のハートの純情さを勉強できるのです。これは情欲とは全然違います。もっと高いものです。

女性を勉強すると、神と人間の霊魂の関係が分かってくるのです。

男が女に惚れるのは、惚れて動けば受け入れてくれる見込みがあるから惚れるのです。受け入れてくれる見込みが全くなかったら、女に惚れないのです。受け入れてくれる見込みがあるから惚れるのです。

女に受け入れてもらえるとします。その時の喜びの経験をよくよく考えてみるのです。そうすると、女の弾力性が分かるのです。女の弾力性が男の中へ流れ込んできますと、自分のハートに純情が帰ってくるのです。

女が自分のハートに帰ります。あばら骨が帰ってくるのです。純情がなかった男の中へ、女の純情が流れ込んでくるのです。そうすると、純情さを持った男のハートになれるのです。これが上等の男の恋です。

そうしたら、男が神に対してどうしたらいいのかが分かってくるのです。神をどのように信じたらいいのか、神に近寄る時にはどういう心構えを持ったらいいのかが分かるのです。

上等の女が上等の男に近寄る格好で、人間は神に近寄るべきです。女が男に近寄る態度が、男が神に近寄る態度になるのです。

この勉強をしなければいけないのです。こういう勉強をすると、第一に若返ります。例えば、花には虚と実があります。花の形は虚ですが、花の美しさは実になるのです。目に見えるものは虚です。それには実体、実があるのです。これを聖書では天と地と言っています。

目に見えるものが地です。目に見えないものが天です。天にいますわれらの父よというのは、実の方にいるのです。実が神です。この神を掴まえなければいけないのです。

天の実体、実の実体を掴まえるのです。このために私たちは生まれてきたのです。

12. 言葉とは何か

言葉とは何か。人間の言葉は言語のようなものか、或いは文章によって現われるものかになっていますが、大体、思想的なものが多いのです。本当の命というものがないのです。

皆様は聖書を勉強する時に、宗教ではないキリストの言葉として学んでいても、それを普通の言葉として学んでいますと、命になっていないのです。ここが重要なことです。

命になる言葉を学んで頂きたいのです。命になるように言葉を用いるのです。

現在、皆様は神と接触しています。神と接触していながら、どのように神と接触しているのかがよく分かっていません。それは皆様の命が神の言葉になっていないからです。人間の常識になっているのです。または知識になっているのです。これが間違っているのです。

神の言葉というのは神の命です。神ご自身の命です。これを神の命の言葉として学ぶことになりますと、皆様の生活の内容、生きていることの感覚の内容が、全く変わってくるのです。これが信仰です。

分かった、分かったといくら言ってもだめです。分かった、分かったというのは、多かれ少なかれ宗教観念に過ぎないのです。分からないと言うよりはましかもしれませんけれど、まだ神の言葉が命になっていない状態です。

神の言葉が自分の命になるように勉強するのです。皆様は生きていたいと思っているでしょう。なぜそう思っているのでしょうか。なぜ生きていたいと思うのでしょうか。それは皆様の感覚が神の言葉に触れているからです。

皆様の命が神に触れているのです。この神を掴まえなければいけないのです。命が神に接触している。この瞬間を捉えて、それを自分の命にするのです。

皆様の目が見ています。目で見ているということは宗教ではありません。理性でもありません。感覚です。感覚というものが、神の御霊と人の魂とを繋いでいるのです。

見ているということ、聞いているということの意味が分からなければ、聖書を学んでいても何の意味もないのです。聖書を学んでいないのと同じことです。

皆様は生きていたいと思うでしょう。なぜ生きていたいと思うのでしょうか。それは感覚的に神を知っているからです。だから、生きていることをやめる訳にはいかないのです。

皆様の感覚は非常に正確に神を知っているのです。例えば、砂糖をなめたら甘いと感じます。これは万人共通の感覚ですが、この感覚が神を経験しているのです。万人共通の霊魂の感覚です。

甘いとはどういうことかを勉強するのです。皆様が生きていたいと思うのは、生きているということに対して慕う感覚を持っているからです。だから、生きていることを有難く思うのです。

生きていて何が有難いのかと言いますと、おいしいものが食べられるからです。男にとって女がいるからです。女にとっては男がいるからです。こういう感覚が、人間にとっての本当の救いになるのです。

ところが、女という人間がいるのかと言いますと、いないのです。性《さが》は女ではありません。性は霊魂の問題です。神と人との係わりを性と言っているのです。

肉の思いを脱ぎ捨てて、霊に従って考えるという気持ちになれるのですから、そうなって頂きたいのです。砂糖をなめたら甘いのです。太陽光線を見るとまぶしいのです。寒い時は寒いのです。嬉しい時は嬉しいのです。

おいしいものを食べておいしいと思います。おいしいとはどういうことでしょうか。なぜおいしいと思うのでしょうか。これが感覚です。

おいしいということは、本当においしいと思うからおいしいのです。こういう経験をしたいから生きていたいと思うのです。

人間が生きているということは、神と人との触れ合いを経験したいからです。天気が良い日には気持ちよく思うでしょう。これが霊魂の救いです。

難しくはないのです。天気が良い日には気持ちがいいということが霊魂の救いであって、これが命の言です。命の言葉はそういうものです。

命の言葉というのは、命が言葉になっているのであって、理屈ではないのです。

人間がこの世に生きているということは、感覚の世界に生きているのです。生きているということは非常に有難いことです。死んでしまうと感覚の世界がなくなってしまうのです。だから、死にたくないのです。

なぜ生きていたいのかと言いますと、神と触れ合うことが感覚であって、これを失いたくないからです。

天然自然というのはありてあるものです。ミカンというありてあるものと、人間の感覚とが触れ合うのです。そうすると、ミカンの味を味わうことができるのです。これは神の味を味わっているのです。

ミカンを食べて、それが救いになるような聖書の勉強の仕方をして頂きたいのです。そうでなければ、宗教の勉強になってしまうのです。

人間が生きているのは、そのまま神と交わっているということです。これが感覚の世界です。これは理論や理屈の世界ではないのです。

感覚を経験していても、それが何なのかが今の人間に分かっていないのです。これが魂が死んでいるということです。

皆様はエデンの園の中央にある命の木の実を食べないで、善悪を知る木の実を食べているのです。これが現在の人間の意識状態です。

園にある善悪の木の実を食べている。これが皆様の常識になっているのです。皆様は常識で聖書の勉強をしているのです。常識で生きているのです。

常識で考えると、砂糖をなめて甘いということの説明ができないのです。だから、甘いという経験をしていながら、甘いということが理解できていないのです。

甘いということは感じますが、それが自分の霊魂にどういう係わりがあるのかということです。甘いものを食べることによって、人間の魂とどういう関係があるのかということです。これは自分の魂と神の霊との交わりの問題です。

神の霊と自分の魂がどのように交わっているのかを、いつでも考えるのです。

甘いということが神の言葉です。神の言葉は人の魂を生かすようにできているのです。甘いという楽しい味、嬉しい味を霊魂のためのものとして受け止めるのです。神を経験しているものとして受け止めるのです。そうすると、甘いものを食べたことが、魂の救いになるのです。

ミカンを食べたことが救いになるのです。飲むこと、食べることの一つひとつが神との交わりになって、皆様自身の霊魂の救いになるのです。こういう聖書の勉強の仕方をして頂きたいのです。

そのためには、園の中央にある善悪を知る木の実を食べることをやめなければいけないのです。園の中央にある善悪を知る木の実を食べた状態が、人間の常識です。

皆様は常識で聖書を勉強しています。常識で生きているのです。砂糖をなめて甘いということを常識で考えますと、甘いということが説明ができないのです。甘いという感覚を味わっていながら、甘いということを論理的に知らないのです。これが人間です。甘いということが自分の霊魂にどういう係わりがあるのか。自分の魂と神の霊との交わりの問題です。神の霊と自分の魂がどのように交わっているのかということです。こういうことをいつでも考える必要があるのです。

甘いというのは言葉です。神の言葉です。神の言葉は人の魂を生かすようにできているのです。甘いという味を霊魂のためのものとして受け止めるのです。神を経験しているものとして受け止めるのです。そうすると、食べたことが魂の救いになるのです。

ミカンを食べたことが魂の救いになるのです。飲むこと、食べることが、一つひとつ神との交わりになって、皆様自身の霊魂の救いになるのです。こういう聖書の学び方をして頂きたいのです。

そのためには、園の中央にある善悪を知る木の実を食べていたらいけないのです。善悪を知る木の実を食べた状態が、人間の常識です。常識を持ったままで聖書を勉強してもだめです。

皆様が生かされているという事実が、神との係わりになっているのです。目が見えるということが、神と皆様の霊魂の関係になっているのです。

目が見える以上、神が分からないはずがないのです。耳が聞こえる以上、神が分からないはずがないのです。見るとか聞くということを、命の論理として受け止められるような理解の仕方をしたらいいのです。

魂が訓練されていたら、それが実現するのです。皆様という個々の人間が生きているのではありません。個々の人間は死んでいるのです。

ミカンを食べても、ミカンの味を神の味として受け止めることはできないでしょう。直感的にはできるとしても、霊の足しになるように受け取ることができない。生ける神の子として受け取ることができないのです。霊魂に対する神の言葉としてその味が受け止められない。それは霊魂が死んでいるからです。

だから、世間の宗教のような状態で満足していたらだめです。皆様は一般の日本人からしたら非常に優れた人です。神は皆様の霊魂をできるだけ丁寧に扱って、神の国へ入れようとお考えになっているようです。そのためには、神の国と神の義を求めることをして頂きたいのです。

自分が生きていてはだめです。味を味わうとか、形を見る、姿を見る、音を聞くという形で、皆様の霊魂は神と触れ合っているのです。神と触れ合っている自分をもっと深く、丁寧に捉えるようにして頂きたいのです。そうすると、皆様の霊魂が神の言になるのです。言と言いましても、人間の言では何もなりません。皆様の霊魂が神の言であるように勉強して頂ければいいのです。

皆様の五官の働きは神の言の働きばかりです。これを理解することが永遠の命の受け取り方です。

人間が生きているということは、創世記の思想で言いますと、園になるのです。手造りの園を言うのです。天然の園と言うよりは手造りの園と言うべきものです。

園の真ん中に木が植えられたのですが、神が本当に造りたいと思っているものとは違うものです。

聖書に、「地は形なく虚しくして、闇が淵の表にあった」とあります(創世記1・2)。闇が淵の表にあったので、神の霊が水の表を覆い始めたのです。闇が淵の表になかったら、悪魔がいなかったら、神は地球を造らなかったのです。

地球は神の手造りの園です。神は地球を悪魔を騙すために造ったのです。善悪を知る木の実は悪魔に食べさせるためのものです。それを人間が食べたのです。

神は人間にそれを食べてはいけない、善悪を知るなと言ったのです。人間は善悪、利害得失を知ってはいけない。それを考えると必ず死んでしまうからです。常識を持って善悪を判断することをやめなさいと言ったのです。そうしないと、聖書の本当の勉強ができないからです。

園は手造りのガーデンです。現在の政治、経済、文明は、地球が物理的に存在するということを基礎にして成立しているのです。ところが、物理的に存在する地球は実体ではない、空なるものです。だから、空なるものを実体と思っている悪魔は滅びるしかないのです。そして、悪魔に同調している人間も滅びてしまうのです。

園の中央にある善悪の木の実を食べてはいけないと言っているのです。それを現在の文明人は食べているのです。これが人間の常識になっているのです。

常識的に生きている人間は神の知識が分かりません。ミカンを食べていても、このミカンの本当の味は分かりません。命の楽しさを直感的に知っていても、その直感が自分自身の論理になっていないのです。だから、その霊魂は救われません。

皆様の直感は、恐ろしく正確に神の御霊の働きを捉えているのです。だから、皆様が生きているということが、皆様の霊魂の救いになるのです。従って、善悪の木の実を食べる必要がないのです。

私たちは善悪を論じる必要がないのです。皆様が生きているということが救われていることになっているからです。

生きているということを冷静に、正確に判断すれば、そこに神がいることが分かるのです。

皆様の感覚の世界は恐ろしく正確に神を掴まえているのです。果物の味を正確に捉えています。皆様の霊魂は生きているそのことを喜んでいるのです。

桃の味というのは説明することができないのです。桃の味がそのまま皆様の感覚になっているのです。こういうことによって神は皆様の霊魂にアピールしているのです。

日常生活における皆様の経験を、もっと綿密に、正確に考えて頂きたいのです。

人間はなぜ生きていたいのか。イエスはそのことを非常に正確に捉えていたのです。生きているということが、そのまま救いになっている事実があるからです。

皆様が生きている命がそのまま神の国と神の義になるのです。皆様は直感的に食べ物の味が分かります。花の美しさが分かりますから、皆様は直感的に神をよく知っているのです。直感的に神を知るということを、神は人間に教えているのです。それを論理の世界に延長することを、神が期待しているのです。

神が人間を生かしているのは、人間に神自身を悟らせるためです。神が人を生かしているという事実と、人が生きているという事実が一つに解け合わなければいけないのです。

神の意見と皆様の意見とが一つになることが必要です。そうすると、直感が理論として神の言が働き始めるのです。これが悔い改めて福音を信じるということです。また、心を更えて新にするということです。神の国と神の義を求めよとイエスが言ったのは、これを言っているのです。

人間が生きているというのは、そのまま神の国です。

目が見えることが神の国です。耳が聞こえるということが神の国です。目が見える、耳が聞こえるという経験を通して、自分自身の霊魂がどれほど神の御霊に愛されているのかということをよく弁えて、自分が生きることをやめて神に生きるのです。

神に生きるということをできるだけしようとすれば、神の御霊の助けがあるのです。

自分が生きることをやめて、自分が救われるということを考えないで生きるのです。そうしたら、神の栄光が見えてくるのです。神の世界が自分の世界になってくるのです。そうすると、皆様の命が神の命に変わってしまうのです。

イエスはユダヤの素人に向かって、まず神の国と神の義を求めよと言いました。人間が生かされていることが神の国ですから、自分の意見を棚上げにして、自分が生かされていることを綿密に、冷静に判断すれば、神が生きているということが分かるでしょう。命という形で神が生きている、神の御霊が生きていることが分かるのです。これが神の国を求めるということになるのです。

自分が分かるとか分からないとかいうことではなくて、神の栄光が皆様の栄光になったらいいのです。できるだけこのようにしたいと考えたらいいのです。生きていることが神の国であるということを直感できるような悟りを持って頂きたいのです。

人間が生きているということは、宇宙でたった一つの命の明確な経験です。しかし、人間はその命をそのまま正しく経験はしていません。人間的に経験しているのです。これではだめです。人間はなぜ生きているのか。これは万物を救うためです。

万物の代表者である人間に、神の言を理解させることによって、万物を救おうというのが神の計画です。従って、皆様が生きている命は、考えることができないほどすばらしく貴いものです。

これを自分のものだと考えることをまずやめることです。自分の命があるとか、自分の人生があるという考えは、園の中央にある善悪を知る木の実を食べている考えです。

園の中央にある善悪を知る木というのは、皆様の現実の生活における肉の思いです。肉の感覚です。これを食べてしまうと、人間の常識になってしまうのです。常識を基礎にして神学的に考えたのがキリスト教です。

キリスト教は常識的な人間に理解させるために考えた宗教です。神の言が説かれていないのです。

人間の直感性というものは命を経験しているのです。人間は命を直感しているのですから、その直感の実体をよくよく勉強したら、神の御霊と交わっているということが分かるはずです。

こういうことは一朝一夕に分かるものではありませんけれど、皆様は生きているという不思議な経験をしているのですから、これをよく考えて頂きたいのです。

生きているということは、皆様自身のものではありません。神が皆様に経験させているのです。だから、皆様は天然自然の味わいが分かるのです。天地の景色が分かるのです。

自然現象は神の御霊の現象であって、皆様が生きている命の現象を、そのまま大自然に移し替えたようなものです。

皆様は毎日命を経験しているのです。おいしいものを食べているというのは、命の経験をしているのです。食べること、見ること、飲むことによって、人間の五官は絶え間なく御霊の働きを直感しているのです。神を経験しているのです。

皆様が生きているということは、神そのものを経験しているのです。知っていても知らなくても、意識してもしなくてもそうなるのです。ですから、キリスト教を信じる必要がないのです。

イエスはユダヤ人の素人に向かって、神の国と神の義を求めなさいと言っているのです。これを真正面から言っているのです。

皆様が生きているということが神の国です。自分が生きているのではない。神の国を皆様は経験しているのです。このことをよくよく考えれば、自分自身が神の国にいるのだということが分かるはずです。五体が神の国を経験しているのだということがよく分かるはずです。皆様は自分の命があると思うからこれが分からないのです。命は皆様のものではないのです。神が皆様を生かして、神そのものを経験させているのですから、神が分からないということはないはずです。

神の国と神の義を求めるということは誰でもできるのです。おいしいものを食べたら、あおいしいと言われますが、これが神の国です。皆様は直感を通して、毎日、毎日、神の国を経験しているのですから、神の御霊を崇めるということをしたらいいのです。そうしたら分かるのです。自分の命がどれほど尊いものであるかが分かるのです。

皆様が生きている本体、本質を冷静に理解しようと考えれば、死なない命が分かるのです。これをして頂きたいのです。

これは救われるためにするのではありません。皆様の命を正確に認識することは、神を崇めることになるのです。

自分が救われるのではありません。神を崇めるのです。神は永遠そのものです。永遠の命です。永遠そのものの本質が神です。これを崇めることができれば、皆様の霊魂が永遠の中へ入って行けるのです。

これは心臓が止まっても、目が見えなくなっても、脳死状態になっても関係がありません。これをとこしえの命と言うのです。

皆様の霊魂は死なないのです。

脳波が働いている時に、神の命が自分に働いているのだということを認識したらいいのです。自分が生きているのではありません。神の命が自分を生かしているのです。これが分かると、神の命と自分の命との関係が分かります。そうすると、イエスが持っていた人生観や世界観がすぐに分かるのです。自分が生きているのではない。イエスが生きているということが分かるのです。

13. 永遠とは何か

現在の人間の考える理想は現実主義的な理想であって、永遠の理想ではないのです。永遠の理想を持っていないのです。

なぜ永遠の理想を持てないのかと言いますと、永遠ということを知らないからです。

永遠というのはどういうことでしょうか。イエスは幼子のようになれという言い方を繰返し言っています。イエスは自分のことを幼子と言っているのです。本当の人生の秘密、理想というのは、赤ん坊しか分からないことかもしれないのです。

皆様も、二、三歳の幼年時代のことを考えますと、人生の理想が分かるのです。

今の人間はとんでもない学問をしすぎているのです。学問によって人類を思うように引っ張っていこうというのが、ユダヤ人の政策です。

現代人は本当の自分、裸の自分を見失っているのです。学校ではくだらない理屈ばかりを教えるのです。学問は生活の役には立ちますけれど、命を認識するためには却って邪魔になるのです。

近代文明は魂の命を殺すことばかりに仕向けているのです。これがユダヤ人のメシア思想の最も悪い点です。人間の魂を殺すことばかりを考えているのです。

般若心経の色即是空は、子供ならすぐに分かるかもしれないのです。皆様は大人でありすぎるために、五蘊皆空、色即是空が分からないのです。

皆様は自分の肉体があると思っているでしょう。赤ん坊は肉体があるとは全然考えていません。命に対しては最も正確な経験をしているのです。

赤ん坊は命の経験はしていますけれど、認識はしていないのです。これでは困るのです。皆様が赤ん坊の時に経験した命を、もう一度掘り出して目の前に置いてみてください。そして、赤ん坊の時の命が何であったのかということを認識してみるのです。

赤ん坊の経験を認識し直すのです。そうすると、永遠の命が分かるのです。新約聖書の信仰の秘密がここにあるのです。私はこれが分かりましたから、永遠の命の実物はこれだと言えるのです。

一番尊いものは生まれた直後の赤ん坊の状態です。これが命の状態です。

大人が悪いのです。大人は邪悪そのものです。学校を出て社会人として立派に働いていると言います。これが一番悪いのです。命のことが全く分かっていないからです。

家庭を持ち、会社であるポストを与えられますと、それに夢中になって、典型的なホワイトカラーになってしまうのです。そうすると、生命の本質ということを考えなくなるのです。だから命というもの、神というもの、文明が本来あるべきものということを全く考えないことが当たり前になってしまうのです。これが大人です。

命というのは生きていることです。簡単、単純です。生きていることが命であるに決まっています。皆様が生きているということの中に、永遠の生命がなければならないのです。皆様が生きていることの中に、永遠の生命、ダイヤモンドの原石という尊いものが、埋められているに決まっているのです。

イエスは「永遠の命は畑に隠されている真珠のようなものだ」と言っているのです（マタイによる福音書13・44）。世の中、人間の営みを畑と言うのです。畑に宝が隠れているのです。

キリスト教は畑とは何であるか、どのように隠れているのかということを、具体的に説明することができないのです。畑の中に隠れている宝を取り出して皆様に見せることができないのです。畑の中に隠れている宝という理屈は言いますけれど、実際に掘り出して見せてくれないのです。私は掘り出して皆様の目の前に見せることができるのです。

しかし、目の前に見せても、大人の気持ちを持っている人には受け取れないでしょう。大人の気持ちは、ねじ曲がり、ひん曲がり、ひがみ切っているからです。私みたいな者がと言うのです。日本人は封建的な国民でありまして、率直な考えが持てないのです。そのくせ自分が一番幸福になりたいと言うのです。

大人は本当のことを知りたがらないのです。嘘のことを知りたいと思っているのです。現在の学問とか、常識とかいうものは嘘ばかりです。なぜ嘘かと言いますと、命がないからです。命を持たない政治学、命が分からない経済学、命を知らない科学、法律、哲学は嘘です。

命とは何かが全然分かっていないのです。命とは神です。神の実体が学問では分からないのです。

今まで何度も言っていますが、皆様の心臓が動いていることが神です。神というのは髭をはやした人格者ではありません。人格でも知恵でもない。全知全能という偉い賢い人のように思いますが、そうではない。

神というのは最も素朴な事実です。神は事実です。これが分かればいいのです。

この世の知識とか常識は、事実を事実としないのです。世間並みに生きていて、世間並みに調子を合わせている。自分が儲けようと考えている、邪心があるために理屈を捏造してしまうのです。

大人は自分が捏造した理屈、他人が捏造した理屈をそのまま呑み込んで、勝手に安心しているのです。だから、死んでしまうのです。

永遠とは何かと言いますと、今皆様が鼻から息を出し入れしているその瞬間のことです。永遠とは瞬間のことです。瞬間以外に、どこにも時間はありません。

大体、時間があるという考え方が間違っているのです。時間があることを証明する方法はありません。科学は時間が存在するはずだと言っている。そういう仮定の上に立っているのです。

一秒間という時間があるだろうと思っているのです。そこで、電子が原子核の回りを、一億四千五百万回回転すると言うのです。これは時間があるという概念を踏まえているのです。

ところが、時間が存在するということを、科学で立証することができないのです。学問は仮定の上に立っているのです。仮定や仮説がなかったら学問は成立しません。

皆様の常識というのは、すべて仮定や仮説の上に成り立っているのです。皆様が今生きていると考えているのは、仮定の人生です。仮説の人生です。本当の人生ではないのです。

本当の人生は神が分かっている人生を言うのです。神が分かっている人は、本当の人生に生きているのです。

本当の真理は死角にあるのです。盲点です。実は人間の盲点に本当の命があるのです。例えば、赤ん坊の命は現在の人間にとって完全に盲点です。赤ん坊の命はすばらしい命です。現世の大人の命とは全然違うのです。

赤ん坊でなくても反抗期になるまでの命です。幼子に物心がつくまでのごくわずかな間です。この時には本当の命が分かっていたのです。命を認識することはできませんが、よく分かっているのです。

幼子は瞬間だけに生きています。鼻から息を出し入れしていること、呼吸器の働きが、実は皆様自身の命を端的に証明しているのです。

旧約聖書は、「すべての人はその盛んな時でも息にすぎない」と言っているのです（詩篇

39・5)。

心臓が止まったらもうだめです。人間は生きていると偉そうに言いますが、鼻から息を出しているることだけです。息が止まったら終わりです。

おまえ達は息にすぎないという神の言葉を謙虚な気持ちでじっと考えて頂きたいのです。そうすると、永遠が分かるのです。

皆様の肉体は、呼吸機能の働きとか、消化機能の働き、排泄機能の働きが総合的に集まって、人間になっているのです。機能があるだけです。

肉体というのは機能のことを言うのです。生理機能が働いていることが肉体になっているのです。従って、肉体という固定的なものがあるのではありません。

皆様の肉体は厳密に言いますと、瞬間、瞬間しか働いていないのです。五分後、十分後はどうなっているのか分からない。皆様の命は瞬間しか働いていないのです。

五年前の自分があった。十年前の自分があったというのは嘘です。神の思想に基づいて、神の御霊に基づいて人間存在を綿密に、正確に見ていきますと、今まで生きていたのは固有名詞の人間とは違うということが分かるのです。

固有名詞ではなくて、魂が生きていたのです。人間が生きていたのではないのです。

般若心経は無眼界乃至無意識界と言っています。人間が見たり、あると考えて意識している世界は、実は実存していないと言っているのです。

皆様は私の言うことが間違っているように聞こえるかもしれませんが、般若心経を綿密に読んで頂きましたら、分かって頂けると思います。般若心経以外のことは何も言っていないのです。私は般若心経の内容を具体的にお話ししているだけです。

無眼界、皆様が見ている世界はないのです。無意識界、皆様が考えている世界は実は存在していないのです。

時間とは何であるのか。これが現在の哲学では全然分かっていないのです。現在の学問はいいかげんなものです。大学教授というだけで、高い給料をもらっているのです。

現在の学問はイエス・キリストの復活というテーマを真剣に取り上げようとしていません。もしイエス・キリストの復活の命が分かりますと、現在の科学が根本的に間違っていること、哲学も宗教もいわゆる人文科学も、根本的に間違っていることが分かるのです。

自然科学も、人文科学も、社会学も偉そうに言っていますが、本物は一つもないのです。命が分からないからそういうことになるのです。

命とは何かが分かっていないのです。何のために人間が生きているのか。この質問に答えることは、今の学問ではできないのです。

常というのは皆様がぽかんとしている状態です。皆様が日向ぼっこをしている状態が常です。禅坊主なら大悟徹底と言うかもしれませんが、禅宗の大悟徹底は全く当てにはなりません。それには裏付けがないからです。

神の裏付けがないものは、真理とは言えないのです。

歴史とは何か。人間が考える歴史ではない、別の歴史があるのです。肉ではない歴史があるのです。

人間が肉体的に生きていることの実体が霊です。肉体は仮の姿です。生理機能は霊です。これが命の本物です。

皆様の生理機能が働いているということと、太陽光線が地球を照らしていることとは、一つのことです。このことが分かりますと、太陽光線が輝いているという永遠の命の中へ、皆様の命が吸い込まれていくことになるのです。

そうすると、初めて肉が霊に変わるのです。肉を肉のままにしておいてはいけない。肉を霊に変えなければいけないのです。これが本当のロマンチシズムです。本当のロマンチシズムが霊のメカニズムです。

これが実はエネルギーの本性であって、皆様が息をしているエネルギーと、宇宙のエネルギーは同じものです。

常とは瞬間のことです。瞬間は永遠です。瞬間がなくなることはありません。

今までの皆様の記憶が間違っているのです。今まで生きてきたという記憶が間違っています。本当の命を認識した時から本当の命の記憶が始まるのです。これを聖書は新に生まれると言っているのです。

今まで生きてきた記憶がなくなって、本当の命の記憶が始まるのです。これを新に生まれると言うのです。

新に生まれて神の国を見るのです。この経験が皆様にできるのです。必ずできますからして頂きたいと思います。赤ん坊の気持ちになればできるのです。

記憶を入れ替えてしまうのです。そうすると、人格が変わるのです。これをして頂きたいと思います。

14. 霊魂

皆様の霊魂は、放っておけば現世を去った後にひどい目にあうことになるのです。皆様の霊魂の本性は聖書の本当のセンスを知っているのです。直感しているのです。そういうことを知りたがっているのです。

皆様の潜在意識のどん底が、本当の神を知っているからです。

人間は本当の古里に帰りたいのです。神は人間の古里でありまして、聖書を勉強するということは、本当の古里を見つけることです。

ノスタルジア（nostalgia）です。これが本当の望郷です。私が宗教観念でお話ししていたら、皆様はそういうことを聞きたかったと言われるはずがないのです。

私は本当のことをお話ししていますから、皆様はお腹の底から分かるのです。純金と二十四金は誰でも分かります。私は純金の福音、純金の命の話をしているのです。

皆様は実は生まれてから今まで真理の勉強をしていたのです。知らず知らずにそういう勉強をしていたのです。

日本人は子供の頃から仏教の観念が染み込んでいまして、それが皆様の障害になっているのです。仏教の観念と神社の観念が皆様の中に染み込んでいるのです。これが悪いのです。

法華経とか維摩経は、字句の解釈を正しく行えばその意味は分かりますが、般若心経は人間の常識では分かりません。それを分かったような気持ちで読んでいるから間違ってしまうのです。

日本人はこの世を去ったら往生します。何も分からずに死んでいくからです。

地球はやがてどうなるのか。地球は今のままで永久にあるはずがないのです。これがどのように変化するかをはっきり見通さなければ、死後の世界のことは分かるはずがないのです。

聖書の文章は分かりやすいので、小学生の上級生なら読めるでしょう。ところが、意味が分かりません。現在人間が生きていますが、命とは口に令をつけたものです。人間が生きていることが口ですが、これは何かの命令に従っているのです。自然環境とか社会環境の範囲内でしか生きられないのです。

生というのは人間の本質です。命は状態を言うのです。

明治十八年頃に訳された元約聖書があります。日本語訳の一番古い聖書ですが、その中にいのちというのを生という字を当てているのです。

いのちというのは、命ではなくて生と書くのが本当です。生が本当のいのちです。命とは何かと言いますと、人間が現在、口として生きているのは、令によるのだということです。一つの原理によるのです。宇宙の生命の原理に従って生きているのです。

生きているということは、ただ生きているのではなくて、原理に従って生きているのです。皆様の生理機能は、宇宙の原理に従ってでなければ働かないのです。

生理構造の原理が究明されると、生理機能の展開が分かるのです。そこで医学が成立するのです。

生理、物理と言いますが、理が自然科学の原理です。これが令です。令によって人間が生きているのです。

物理、生理の原理が成立しなければ、生きているということが成立しないのです。物理、生理の原理は何なのか。物理学者が物理学の原理が分からないのです。今の学問はその程度のものです。

物理の説明はできますが、物理の原理の説明ができないのです。だから、今の学問は中途半端なものばかりになっているのです。本当の根元の説明ができていないのです。

真理は一つしかないに決まっています。神が分かれば何でも分かるはずです。聞かれたらどんなことでも答えられるでしょう。答えられないというのは、神が分かっていないからです。

神というのは何か。神はアブラハムに、「私は全能の神である」と言っています（創世記17・1）。英訳では、I am the almighty Godとなっています。オールマイティですから、どんなことでも神です。

神が分かっていたら、どんなことでも説明できなければならないのです。ところが、キリスト教の牧師は全然できません。どんなことでも説明しますというそんな大きなことは言いません。キリスト教の教義についてなら答えられるでしょう。

キリスト教の牧師は、神とは何かということについては答えられません。神は信ずべきものであると言うのです。そう言って逃げてしまうのです。本当の神を知らないから逃げてしまうのです。

神は命です。命は神です。命は物理的、空間的な言い方です。人格的、論理的に言いますと、神になるのです。

神にだだをこねると神は聞いてくれるのです。これが人間の霊魂の不思議さです。霊魂の本性の思いで神にだだをこねますと、これが正当な願いであるなら、神ははっきり答えてくれるのです。これは不思議なものです。

現在、地球が自転公転しているという事実があるのです。これが神です。この事実がある以上、テレビが見られるし、ラジオも聞けるのです。これは電気があるからだと言うでしょう。

電気がなぜ地球に存在するのか。電気とは何かという説明が科学ではできないのです。電気とは何かについて大学教授は教えてくれないのです。電気工学の勉強はできますが、電気学というのはないのです。

宗教や哲学はありますが、生命学はないのです。医学はありますが生命学はないのです。医学と生命学は違うのです。生命に対する専門的な学は存在しないのです。

神の実物は人間の本心では分かっているのです。これを論理的に捉えることができないのです。皆様の理性は神から出てきたものであるに決まっているのです。皆様の霊魂、魂は神だけを求めているのです。神以外のものは求めていないのです。

神さえ分かれば天国も極楽も分かるのです。天国も極楽もいわば添えものです。

仏典に隻手音声という言葉があります。臨済宗でも、本当に隻手音声を悟っているお坊さんはいないのです。

両手を叩くと音がします。両手の音なら誰でも聞こえますが、片手の音を聞けと言うのです。故山田無文さんでもだめでした。本当に悟りを開いて、イエス様のような人間になりたいとよく言っていました。山田無文さんは若い時にキリスト教の勉強をしていました。彼の理想はイエス様でした。

悟りを開いてイエス様のようになりたいと言っていましたが、イエス様が分からなかったのです。本当の悟りを開いていなかったのです。神が分からなかったからです。

臨済宗の悟りではとても神は分かりません。臨済宗の悟りには、臨済宗という枠があるのです。妙心寺、建仁寺、大徳寺は臨済宗のお寺ですが、臨済宗という枠があるのです。枠に捉われるようでは、本当の命は絶対分からないのです。

神は宗教と違うのです。だから、大徳寺派とか妙心寺派と言っても、神の前には通用しないのです。

神の前に通用しないということは、死んでから通用しないということです。神の前に通用しないような理屈は、死んでから通用するはずがないのです。問題は死んでから通用するような悟りでなかったらいけないのです。

皆様の魂は本質的に神から出てきたものであるに決まっているのです。魂とは何かと言いますと、人間の理性と良心の本源です。人間の心理機能の本源と生理機能の本源が、一つになった状態が魂です。

物的な面と心的な面が一つになった状態を霊と言うのです。仏心一如になった状態、物と心が一つになったものが、霊です。

これを別の言い方をしますと、事がらと言えるのです。例えば、皆様が今日生きています。これが事がらです。事がらのことを霊と言うのです。

人間が生きているのは事がらです。私たちは生きているという事がらを経験しているのです。これが霊です。これを人生とも言います。人生は生きているという事がらです。生きている、または生きてきた事がらが人生です。これが霊です。

魂というのは生きてきた、また、生きているという事がらを成立させる機能性です。心理機能と生理機能が一つになったのを魂と言うのです。

魂がなければ霊は成立しません。霊魂と簡単に言いますが、霊と魂と字が違うように物が違うのです。

皆様の魂というのは生理機能の本源と、心理機能の本源が一つになったものを言うのです。生きている状態が霊です。

霊魂は命の本源から出てきたものです。生理機能の本源は命の本源であるに決まっているのです。

心理機能の本源は宇宙人格の本源から出てきたものです。命の本源から出てきた生理機能と、宇宙人格である神から出てきた心理機能と、この二つが化合したものが魂です。これは神だけを求めているのです。

健康を求めたり、金銭を求めたり、恋愛を求めたり、知識を求めたりしますが、何をしているのかと言いますと、そういうことを通して神を掴まえたいのです。これが魂の本当の願いです。

お金をいくら儲けても、それで魂の喜びがある訳ではありません。恋愛でもそうです。人間が考えている恋愛は、男と女が一つになったらおしまいです。そんなものが恋愛の本質であるはずがないのです。

健康でもその通りです。いくら体を鍛えても百歳くらいしか生きられないでしょう。それで終わりです。たった百年間のために健康があるのか。そうではないのです。本当の健康というのは、生理的なことではなくて、生理的な面を乗り越えて、その向こうにある死なない命を掴まえるのが、本当の健康の目的です。

人間の願いは色々な形を通して、金銭的に、健康的に、住居という立場から、食べるという立場から、政治も経済も、いろいろな面を通して、結局人間が求めているものは一つです。これが神です。

神を掴まえますと全部分かるのです。私は何もかも勉強したのではありませんけれど、神が分かったので、大体のことが分かったのです。

皆様からご質問頂いたら、命に関しては何でもお答えができるのです。専門学をいくら勉強してもだめです。専門学は中途半端なものです。専門学というといかにも難しいように聞こえますけれど、学の本源がないのです。学の終点もないのです。

例えば、科学でもそのとおりです。科学は物質があるという所から出発しているのです。そうして、素粒子の分野まで到っていますけれど、その先に行けないのです。

自然科学の原理はどこからきたのかと言いますと、物質が存在する所から出発しているのです。時間、空間が存在する所からきているのですが、時間、空間が存在する以前のことは、自然科学にはないのです。説明のしようがないからです。

時間の本質はどこにあるのか、空間の本質がどこにあるのかが分からないのです。どうすれば電気を効率的に使用できるのかということは、電気工学で教えてくれるのですが、電気の本質に関する説明はできないのです。

学問には原理がない、終点がないのです。頭と尻尾がないのです。真ん中の胴体だけがあるのです。尾と頭が説明できないのですから何にもならないのです。

人間は何のために生きているのか、命とは何であるのかということに一切触れることができないのです。

ところが、学問はそれを説明しなければならなくなったのです。学問が行きついてしまったからです。そして、学問だけでは文明を打開できなくなったのです。ここまで来てしまったのです。

15. 死からの脱出(1)

死からの脱出は、色々な面から考えなければならないのです。

人間は死という言葉について考え違いをしているのです。世界中の人間が考え違いをしているのです。死は生理的な問題であると一般的に考えられていますが、そうではないのです。死は肉体的な問題であると考えることが、思想的には死んでしまっていることになるのです。死の正体が分からないままで、この世を去っていくことが死だと思い込んでいる。

この世を去ることは死ぬことではないのです。ナザレのイエスはこの世を去りましたが死んでいないのです。死ななかったのです。

イエスが復活したというのは、六千年の人間の歴史の中で一番大きい、また、一番重大な事実です。従って、これは当然学問の対象として取り上げられなければならないはずの大事件です。

ところが、この大事件を学の対象として取り上げようとしないのです。キリスト教のテーマであるとして、まともに学の対象にしようとしないのです。これは非常に不真面目です。死を考えるのは宗教家の仕事であって、宗教家以外の人は考えなくてもよいと思っている。これが現代人の根本的な間違いです。

文化文明がどんなに立派なものであっても、人間が死んでしまうということを考えれば、その業績も、学問も、思想も無に帰してしまうのです。

死を肯定するということは死に負けているのです。だから、論理の展開が正しかろうと精密であろうとに係わらず、死を考えるという勇気がどうしてもいるのです。これをしようとしていないのです。

これは文化の概念が貧弱であることを証明しているのです。現代の文明、文化というものは、名前は文明、文化と言いますけれど、内容的には文明、文化と言えるものは一つもないのです。

現在の文明、文化の大欠点がどこにあるのかと言いますと、死ぬことを認めていることです。死に降参しているのです。死に対して白旗を上げているのです。

負けても勝ってもいいから、死に対して闘いを挑もうというような勇気のある人がいないのです。政治に対して、また、法律に対して真面目な人はいるでしょう。それは人間が死ぬに決まっていることを前提とした真面目さです。それが本当に価値があるかどうかが問題です。

死ぬに決まっている人間の文明は、やがて消えるに決まっているのです。どんな宗教でも、どんな政治や学説もすべて塵芥になってしまうのです。

消えてしまうに決まっている学理学説に、なぜノーベル賞を出すのでしょうか。以前、スウェーデンのおばあさんがノーベル平和賞を受賞しました。おばあさんが何をしたのかと言いますと、長年核兵器廃絶を訴えたと言うのです。

これは全く当たり前のことです。核兵器廃絶を言わないよりは言った方が良いでしょう。長年核兵器廃絶を訴えたので、ノーベル賞を与えられたのです。これが現在の文明の感覚です。ユダヤ人の感覚です。

私たちはユダヤ人の霊魂について、徹底的に彼らに反省を促すだけの材料があるのです。私たちはユダヤ人を叱るだけの十分な確信があるのです。

ユダヤ人は彼らに与えられている約束を知らないのです。神の実体を認識しようとしていない。ここにユダヤ人の根本的な考え違いがあるのです。

私たちは彼らの霊魂に対してはっきり言いたいのです。彼らはアブラハムの子孫でありながら、アブラハムの思想が全然分かっていないのです。彼らはモーセの十戒を遵奉していると言いながら、モーセが何をしたのか知らないのです。そうして、世界の政治、経済のリーダーシップを取っているのです。

現在の文明はユダヤ人にリードされている文明です。現在の学理学説は、すべてユダヤ人に脱帽敬礼しているのです。こんなものは何の役に立つのかと言いたいのです。

ユダヤ人に褒美をもらって何が嬉しいのかと言いたいのです。これが人間文明の間違いの根本的な実証になるのです。

ユダヤ文明は、イエスの復活を信じたくないのです。ところが、イエスの復活を信じたくないと言いながら、今年が二〇二一年であることを認めざるを得ないのです。

人間は死を破ることができることを、イエスが証明したのです。これによって人間の歴史が新しくなったのです。

イエスが死を破ったことによって、西暦紀元が始まったのです。

これは当然学の対象にならなければならないのです。人文科学の基本的なテーマであるはずです。ところが、取り上げようとしていない。

自然科学と言いましても、人間が肉体的に生きているという感性に基づくもので、復活を認めた自然科学ではないのです。

こういうものが、人間の霊魂のリーダーシップを取るだけの価値があると言えるのでしょうか。

端的に言いますと、現在の文化文明は底抜けバケツのようなものです。目的も目当てもないものが、文化文明です。実体的な目標を持っていないのです。

現在の学問や政治が、仮に人間の理想どおりに進んだとしてどうなるのでしょうか。やはり人間は死んでいくのです。戦争をするでしょう。人を憎んだり、呪ったり、嘘を言ったりするでしょう。

人間は何をしているのでしょうか。人間は命が分からないのです。生きていながら命が分からないのです。なぜ命が分からないのかというと、死が分からないからです。

死とは何であるのか、分からないのです。死は恐ろしくないと言う人もいるでしょう。死は恐ろしいと言う人もいるのです。どちらにしても死を真面目に問題にするのは良いことですが、現在の文化文明は死を真正面から取り上げようとしていないのです。

死を真正面から取り上げるということは、ユダヤ人にとっては鬼門金神です。真正面から取り上げますと、どうしてもイエスの復活を考えなければならないことになるから、これを一切口にしたがらないのです。

六千年の人間の歴史において、イエスの復活以外に本当に信用できるものはありません。科学は信用できません。哲学も信用できません。法律も宗教も信用できません。

法律では人間を殺したら殺人罪になると言っています。戦争でたくさんの敵を殺したら、殺人どころか英雄になるのです。

広島に原子爆弾を投下されて、十四万人の日本人が即死しましたが、原爆を投下した人は殺人罪どころか英雄になっているのです。この法律の矛盾をどう説明したらいいのでしょうか。

実際人間はどうかしています。人間を殺したら殺人罪になりますが、牛や豚を殺しても罪にはならないのです。一体、人間と牛、豚はどう違うのでしょうか。明確な返答ができないのです。

日本の法律は不完全です。白人社会において法律の専門家になろうとしますと、律法の原理を勉強しなければならないのです。モーセの律法が法律の原点になっています。これを十分に勉強しなければ、法律の専門家にはなれないのです。

しかし、日本ではモーセの律法を全然勉強しません。それを知らなくても法律の専門家になれるのです。日本社会は、文化的にも文明的にも根本的な欠陥があるのです。

死からの脱出というのは、普通の考えではできることではないのです。皆様は本当に死からの脱出を考えているのでしょうか。

死からの脱出というのは、具体的に死から脱出するのですが、本当にそうしたいと思っているのでしょうか。死を真剣に考えているかどうかです。死ぬことが恐いにしろ恐くないにしろ、本当に死を問題にする気持ちが、皆様にあるかどうかです。

聖書を長年勉強している人でも、本当に死から逃れたいと考えている人は少ないのです。本当に真剣に死から逃れたいと考えているのなら、聖書の勉強の仕方が違ってくるはずです。

一体、地球はなぜできたのか。死という法則、マイナスのエネルギーが宇宙に発生したので、地球ができたのです。どうしてそれが発生したのか。これを分かろうとしないことがいけないのです。

マイナスのエネルギーは、理屈や力で圧倒できるものではないのです。原子爆弾を何発爆発させてもびくともしません。ますます活発になるだけです。

マイナスのエネルギーを宇宙から撃滅するためにはどうしたらいいのか。これが聖書の大眼目です。神は死を撃滅するためにどういう方法を取ったのかと言いますと、天地万物を創造することによって、死を自滅させようと考えたのです。この神の大計画のことをキリストと言うのです。

日本人は聖書が全く分からない民族です。困った民族です。セミホワイトと言われているくらいですから、この点は白人の真似をして頂きたいのです。

地球が存在することについて、一番重大な問題は神の約束という問題です。神の約束が、天地万物が造られた根本原因です。

どうして天が天であり得るのか。地が地であり得るのか。どうして人間が人間であり得るのか。皆様は自分が人間であることについて何の不思議も感じていないようです。これでいいのでしょうか。

人間が人間であることについて、さすがの老子も一言も説明していません。孔子も同様です。

大体、日本で神の約束が正しく説明されたことが一度もないのです。日本民族は全く盲目の民族です。命については全く盲目です。

ただ日本に般若波羅蜜多という思想があることが、唯一の救いです。般若波羅蜜多というのは、この世を捨てて彼岸へ渡るということです。これは非常に貴重な概念です。これは実体ではなくて概念です。般若波羅蜜多という概念はありますが、本当に向こう岸へ渡った人は日本には一人もいないのです。

親鸞も道元も、日蓮も、弘法大師も最澄も、向こう岸へ渡って、死なない命を見つけた人はいないのです。一人もいないのです。

幸いにして私たちのグループにおいて、御霊がそれを教えつつあるのです。この世に生まれてきたということは、驚くべき事実です。本当のプラスのエネルギーを見つけるために、生まれてきたのです。本当のプラスのエネルギーの原理が発見されますと、皆様方の理性と良心とは永遠に、無限に発展するのです。このことをイエスが証明したのです。

皆様は失礼ですけれど、命の尊さを全くご存じありません。私たちは本当のプラスのエネルギーを見つけるために、生まれてきたのです。

私はキリスト教の宣伝をしているのではありません。世界で一番悪いのはキリスト教です。原子爆弾よりももっと悪いのがキリスト教とユダヤ教です。核兵器よりも悪いのです。

仏教の悪さとか、日本神道の悪さは、小さいものです。キリスト教はキリストの名において、キリスト計画に反対しているのです。ユダヤ教とキリスト教は世界中で一番悪いのです。この二つが世界を引っかき回しているのです。

文明を引っかき回して人間の霊魂に混乱を与えるということは、泥棒よりも窃盗よりも悪いのです。人間の霊魂を奪い取ってしまうからです。人間の霊魂をごまかして死なせてしまうからです。これは最も悪いことです。これをユダヤ教とキリスト教がしているのです。

世界中で一番悪いのはユダヤ教とキリスト教です。私はユダヤ教とキリスト教の信者の人々の霊魂を愛しますから、彼らの宗教観念を厳しく叩いているのです。

人間の魂を盗んで、地獄へ引きずり込むということは、最も悪いことです。殺人よりも放火よりも悪いのです。五億円や十億円くらいの汚職とは違います。政治家が五億円の賄賂をもらったということで、マスコミが大騒ぎしていますが、そんな小さなことではないのです。日本人は本当の悪が分からない民族です。命が分からないから本当の悪が分からないのです。

本当の悪とは何かと言いますと、神の名によって神に反抗することです。キリストの名によって人々を騙すことです。キリストの名によって人間の魂を地獄へ引っぱり込んでしまうことです。これが一番悪いのです。

阿弥陀如来の名によって人間を騙したところで、誰も本気になって信じていません。本気になって阿弥陀如来を信じている人は、今の世界に一人もいないからです。ただ宗教観念として、ナムアミダ、ナムアミダ、ナムアミダと言っているのです。

ナムアミダ、ナムアミダと唱えて、死から脱出できると誰も思っていないのです。

キリストの名によってキリストに反抗することが、最も悪いのです。従って、私がキリスト教の宣伝をするということは、絶対にないのです。

私はキリスト教の教義が大嫌いです。しかし、キリスト教の信者の方々の魂は愛しているのです。愛していますから、偽りの教義から彼らを導き出してあげたいと思っているのです。

全世界の二十億のキリスト教信者が皆間違っているのです。ローマ法王は最も悪いのです。死から脱出することをイエスが実行したのです。イエスができたということは、皆様も絶対にできるに違いないということです。

それにはただ一つの条件があります。世間並みの人間の常識を踏み越えていく必要があるのです。これは般若心経の五蘊皆空という言葉を実行したらいいだけのことです。遠離一切　顚倒夢想　究竟涅槃と言っています。これを実行したらいいだけです。

皆様は現世に生まれた自分を、本当の自分だと思っているようですが、これが間違っているのです。

皆様は自分の力によって自立自存することはできませんから、皆様が生きているのは、他動的な、または他力的な原理に基づいて生きているのです。従って、皆様の命は皆様自身のものではないのです。

こういうことについて、老子は半分だけ説いているのです。人間の命は無の働きによってできていると言っています。無の働きというのは、半分だけ説明しているのです。全部の説明にはなっていないのです。無とは何であるのかについては、老子は説明していないのです。

皆様の命は他力的なものです。従って、自らの分としての自分の命はありません。人間は命について本質的な誤解があるのです。これが死に繋がっていくのです。

皆様は自分の命を正しく認識していないので、既に死んでいることになるのです。それが死を招き寄せる原因になっているのです。こういうことをまず認識して頂きたいのです。

皆様が今までの人生をこれから何十年続けていても、本当の命は分かりません。そうして、人間の歴史がこれから何千年、何万年続いていっても、そこからは何の良いものは出てこないのです。

結局、人間の文明は、消滅してしまうに決まっているのです。消えてしまうに決まっているのです。般若心経はこのことを明確に言っているのです。遠離一切　顚倒夢想　究竟涅槃と言っているのです。

神霊と真理を申し上げたいのです。分かりやすく言いますと、霊と誠です。これが分かれば命が分かるのです。本当の命が分かれば、死はその人の中から消えてしまうのです。

肉の思いは死であって、霊と誠が分かれば死は自滅してしまうのです。神霊と真理を弁えるためには、神の約束を勉強するしかないのです。

約束という言葉は、未来を保証する語法です。未来を保証するための最も端的な言葉を約束と言うのです。

人間どうしの約束でも、なかなか重大なことです。ことに約束手形になると重大です。一つの会社が死ぬか生きるかの問題になるのです。

人間が発行した約束手形で、会社を潰すことになるのです。神の約束とはどういうものでしょうか。皆様は絶対という言葉は知っていますけれど、今の日本人に絶対という言葉の本当の意味が分かっている人はいないでしょう。

絶対という簡単なことが分からないのです。日本人には絶対ということについての正しい概念がないのです。皆様の考えは、皆様にとっては絶対です。それは絶対の正体を掴まえない絶対です。

私が言う絶対というのは、絶対という正体を掴まえている絶対です。ここが違うのです。皆様が今まで生きてきたその気持ちを、これから先も続けていきますと、非常に危ないのです。放っておいたら皆様は死ぬしかないのです。だから、あれこれ言わないで、私の言うことを真剣にお聞き頂きたいのです。

私は死なない命、とこしえの命の実物をご希望の方に差し上げたいのです。そのためには、皆様自身が今までの自分の考え方を撤回するということが必要です。

皆様がこの世に生きていたということが、根本的に間違っていたのです。皆様が四十年、五十年とこの世に生きていて、本当のことが分かったのでしょうか。本当のことを教えてくれる人はいたのでしょうか。

イエスは神に騙された人です。神に騙されたおかげで、死ぬべき命を持っていたけれど、死なない命に鞍替えしてしまったのです。イエスの復活はそのことを証明しているのです。

いちいち理屈や説明を言う必要はないのです。イエスが死を破ったという歴史的事実を信じるかどうかです。信じることができない人は、永遠の命を受け取る資格がない人だと思えるのです。

イエスが復活したことの他に、死なない命がこの地球上に現われたことがないのです。これを受け取ることが嫌であるとしたら、皆様は本当に死から脱出したいと考えているとは思えないのです。

皆様の家庭には色々な電気製品があります。皆電気によって動いているのですが、皆様は電気を知っているのでしょうか。電気が分かれば死なない命が分かるのです。

太陽光線を見ていて、太陽光線の意味が本当に分かったら、永遠の生命の実体が分かるのです。

皆様の心臓が動いていることが神です。だから、心臓が動いていることの実体が本当に分かったら、皆様は死なないのです。

皆様は今までの常識をしっかり持ったままで、私の話を聞いています。これではだめです。例えば、コップに水をいっぱい入れて、その上にジュースを入れようとしても、これはできないのです。無理に注げば全部こぼれてしまうだけです。

まずコップの水を全部捨ててしまって、その上にジュースを注げば、ジュースがコップに入るのです。

まず皆様が般若波羅蜜多に同意できるかどうかです。

死とは何かと言いますと、顚倒夢想です。皆様は自分が生きていると思っていますが、自分が生きているのではなくて、生かされているのです。

生かされているということと、生きているということとは根本から違います。生かされていることということは、賛成しやすいことではないかと思います。

人間は自分の力で太陽光線や酸素を造ったり、水を造ったりできません。ところが毎日、太陽光線や酸素や水を供給されているのです。

人間は酸素がなかったら生きていけないのに、自分で酸素を造っているような顔をしているのです。人間は生きていく資格があると思い込んでいるのです。これを顛倒夢想と言うのです。

人間は生きている資格があると言って、基本的人権とか、民主主義を堂々と主張しているのです。これはフランス革命やアメリカの独立の時に、ユダヤ人が流した思想です。肉の人間をおだて上げたのです。現在の文化文明はユダヤ人の大芝居です。ユダヤ人によって学理学説の根幹が造られているのです。

皆様は本当に信じられる学理学説があると思っているのでしょうか。皆様の生命観は肉体的に生きていることしか考えていないようです。常識主義の人間にとっては、学理学説には価値があるのです。

これは現世における価値ですが、この世を去ってしまいますと、三文の価値もなくなるのです。宗教も哲学も、この世を去れば何の価値もありません。全部無価値です。それに人間は絶大な信用を置いているのです。

この世に生きている時でも、死んでから後でも、永遠に通用することを信用したらいいのです。

皆様はもう少し命の尊さを考えて頂きたいのです。皆様は命の尊さを知らないから、わがまま勝手なことを言っているのです。分かりもしないのに分かったような顔をしているのです。

命について苦労をして頂きたいのです。本気になって勉強して頂きたいのです。私は御霊を受けるまで神に願ったのです。本当のことを教えてくださいと願ったのです。何年も、何十年も、願い続けたのです。寝食を忘れるくらいに、願って願って願い続けたのです。

神と相撲を取るというのは、並大抵なことではありません。滝に打たれるくらいのことではない、千日回峰とか、二千日回峰や、十二年籠山行くらいのことではありません。健康に恵まれていれば、そういうことはできますけれど、神と相撲を取って神に負けてもらうまでするということは、並大抵のことではだめです。

皆様は六十年、七十年の間この世に生きていました。それによって何が掴まえられたのでしょうか。

今の男性は女が分からないのです。女が分からないと何が分からないのかと言いますと、女であることが分からないのです。私たちが人間であることが、人間があることになって現われているのです。

人間であるということが、人間があることになって、今現われているのです。これを人間と言うのです。

日本にはこういう思想が全然ないのです。「である」ということが神霊です。これは誠の霊です。これはある大学でしていたような神霊科学のことではありません。

イエスの復活ということが本当に分かりますと、今日までの学が全部間違っていたことが分かるのです。皆様はまず般若波羅蜜多を勉強して頂きたいのです。五蘊皆空を実行して頂きたいのです。

人間の学問はただの五蘊です。皆様の六十年、七十年の生活経験は、ただの五蘊です。であることが神の名前（the name of God）です。花が花であることが、神の実体です。心臓が心臓であることが、神の実体です。

女が女であることが、神の実体です。本当の神が分からなければ本当の女は分かりません。女が分からないということは、男も分からないし、人間も分からないのです。

地球には強力な電気が存在しています。これに対して旧約聖書は大変なことを書いているのです。

死ぬというのはただこの世を去るだけではないのです。死んだ後に、霊魂の審判という厳然たる裁きがあるのです。これは自分の命ではないものを、自分の命としていた罰金の裁きになるのです。

神の命を横取りしていたのです。命を盗むということは、お金を盗むくらいのことではありません。生易しいことではないのです。皆様が今生きている命は、そのまま神そのものです。

神そのものと皆様は対話しているのです。生きているということは、神と対話していることです。

命はどこから来たのか。人間であるとはどういうことなのか。自分を生かしているものの正体は何であるのか。誰に生かされているのか。

生かされているということは誰でも分かりますが、自分を生かしているものの正体が、なかなか分かりません。自分を生かしているものの正体が分かれば、死ななくなるのです。

命に対する正当な認識を持つことです。ただこれだけのことです。これを知るためには、地球がどうしてできたのかということに遡らなければならないのです。

旧約聖書の勉強をしなければ、地球が創造されたことの原理を掴まえることはできません。日本の歴史には創造を正しく書いたものがありませんから、ユダヤの歴史書を学ぶしかないのです。

良いことも悪いこともユダヤ人からしか出てこないのです。私たちは良い意味において、ユダヤの歴史を学んだらいいのです。

モーセはどういう人だったのか。ユダヤ人の祖先のアブラハムはどういう人だったのか。これが分かれば、世界歴史は一目瞭然になるのです。世界歴史がそのまま人間の運命を述べているのです。

歴史はヒストリー(history)でありまして、これは彼の物語です。彼の物語というのは神の物語ということです。

歴史は人間が勝手に造ったものではありません。白人にヨーロッパを与え、黒人にアフリカを与え、黄色人種にアジアを与えたのです。なぜ一番広い所をアジア人に与えたのか。こういうことは歴史を勉強しないと分からないのです。

人間が人間であることは、歴史が歴史であることです。本当の歴史は聖書を学ぶしかないのです。そのようにできているのです。

永遠の生命を得るためは、イエスの復活を学ぶ以外にありません。これはキリスト教ではありません。イエスの復活の命を教えてくれるのは、アメリカにもヨーロッパにもありません。神は日本にその機会を与えたのです。

不思議なことに、私は本当の聖書を説くチャンスが与えられたのです。実は皆様の命はキリストによって復活した命です。これを皆様はご存じないのです。

皆様は死ななくてもよくなっているのに、勝手に死んでいくのです。私はこれが、残念で残念でたまらないのです。人間の歴史は表から見る見方と、裏から見る見方と両方あるのです。人間の考え方に裏と表があるように、あらゆる世界観、価値観も裏と表があるのです。聖書も表から見る場合と、裏から見る場合と両方あるのです。この両方をよく勉強していきますと、天に関すること、宇宙に関することがよく分かるのです。

人間は明日をも知れない命に生きているのです。これをよく考えて頂きたいのです。人間歴史はユダヤ人の大芝居です。これは日本人のようなレベルの低い考えでは割り切ることができないのです。

考えて頂きたいのは、理学というセンスと科学というセンスとは違うということです。物理科学だけが科学ではないのです。空理科学もあり得ますし、霊理科学もあり得るのです。

現在の日本人の考えは、大学で教えられている学問で縛られているのです。それによって束縛されているのです。ユダヤ人がＵＦＯを飛ばしていると思われますが、人々はそれを見てびっくりしているのです。そのことと、永遠の生命に何の関係があるのかと言いたいのです。

ＵＦＯが飛んでいることと、皆様の明日をも知れぬ死とどういう関係があるのかということです。皆様が現在死ぬに決まっている命を持っていることは、非常に危険なことです。

私たちは今日という日に、永遠の命を掴まえていなければならないのです。今日だけでなく、毎日毎日、新しい命を掴まえ直さなければならないのです。イエスはどうして死を破ったのかということを、真剣に勉強しなければならないのです。

神がイエスの復活という事実を世界歴史に提供しているのです。これは神の偉大な提唱です。この神の提唱に注目することは、すべての人間の責任です。

皆様の命を正確に支配しているのは、「である」ことです。これが神です。神が皆様と一緒にいるのです。皆様の命が神です。これに気が付きさえすればいいのです。

生きているということが神と共にいることです。また、神の内にあることです。しかも、現在の神はイエスが復活した後の神です。イエスが復活する前の神と、復活した後の神とは、神のあり方が全然違っているのです。

ユダヤ人が考えている神と、現在の神とは違うのです。絶対という言葉を使うにしても、イエスが十字架にかかる以前の絶対と、現在の絶対とは違うのです。

イエスが十字架にかかったことによって、皆様の古い命は自動的に消滅しているのです。だから、わざわざ自分の命を否定する必要はないのです。

神が皆様の生来の命を否定しているのです。死んでしまうに決まっている人間の命を、神が否定しているのです。有難いことに、死ぬべき自分は消えているのです。このことを皆様にはっきりお伝えしたいのです。

死ぬべき命は消えているのです。このことはイエスの復活を勉強するとはっきり分かるのです。肉の思いで生きている人間は、今はもう存在していないのです。しかし、自分が生きていると思っている人には、自分は絶対に存在するのです。

自分が生きているのではない。命は自分のものではないということの簡単なことに気が付きさえすれば、皆様はわざわざ自分の命を否定する必要がないのです。

人間は肉の思いで生きていますが、これは死ぬに決まっている命です。従って、六千年の人間文明も、むなしい人生をだらだらと繰り返してきただけのことです。

16. 死からの脱出(2)

死から解放されるというテーマで話し合うということは、一般社会ではあり得ないことです。また、死から解放されるということは、現在の宗教ではとてもできないことです。

私たちがこれを実行していることは、古今未曾有のことです。釈尊でも死からの解放ということは考えていませんでした。

釈尊は死は空であると考えたのです。生老病死が空であると考えたのですが、空であるということは完全な意味での解放ではないのです。空が仮に涅槃であるとしても、涅槃は一つの心理的なものでありまして、涅槃を究竟しても死に勝ったとは言えないのです。

時間とは何か。これは人間の心理作用による面が大きいのですが、本当に時間が存在するという確証が、人間の側から提出されたということはないのです。どんな学者でも、また、大学教授、評論家、ジャーナリスト、覚者でも時間の正体が分かっていないのです。従って、これは人間の心理的な産物であると言えないことになるのです。

時間がそうであるとしますと、空間も同様です。時間と空間とは次元が違いますけれど、存在の形態は一つのものです。時間がなければ空間はあり得ないのです。空間がなければ、また、時間もあり得ないのです。

人間が肉体的に生きているということが、時間と空間の産物であって、これが皆様の心理的な産物であることになるのです。

皆様が肉体的に生きているということが、皆様の妄念の産物です。皆様が肉体的に生きているという事実はないのです。時間がないからそう言えるのです。空間がないのに皆様の肉体が存在するということは、概念的に成立しないのです。

皆様は自分の思想に愛想をつかすくらいの勇気を持って頂きたいのです。これができますと、死からの解放が、或いはあるかもしれないのです。

これは大問題です。現在の宗教のレベルでは到達することができない重大な、崇高な、厳粛な問題です。

この問題を二時間や三時間話し合ったくらいで、死から解放されると考えたら、話がうますぎると思われるかもしれません。ところがうますぎるのではないのです。

死から解放されるということは、皆様が本当に素直になりさえすれば実現するのです。私は死からの解放ということを発言しているために、宗教界から嫌われています。しかし、宗教界から嫌われるようでなければ、本当の命、本当の死は分からないのです。皆様も宗教というばかな概念から離脱する勇気を持って頂きたいのです。

魂がこの世から去ることと、死ぬこととは違うのです。皆様は現世に生きていながら死んでいるのです。これを知って頂きたいのです。

「肉の思いは死である」とパウロが言っています（ローマ人への手紙8・6）。無明煩悩ということは、魂が死んでいるということです。

皆様は死の本当の意味が分からないのです。死とは何であるのか。死ぬというのはどうなることなのか。これがはっきり分かっていないのです。もし分かっている人がいたら、その人は大達人です。

普通の人間なら死という言葉は知っていますけれど、死の実体を全く知らないのです。そこに死の恐怖という問題があるのです。

人間は死という言葉は知っていますが、死の実体について明確な認識を持っていない。そのために、死の恐怖があるのです。

死とは一体何であるのか。その正体が不明です。宗教を勉強している人はますます分からないでしょう。

宗教は死をごまかしているのです。死んでから天国へ行くとか、死んでから極楽浄土へ行くとばかなことを言うのです。これは死が分かっていない証拠です。死んだら五千万円あげますと生命保険に加入したら言われます。ところが、死んだらもう本人はいないのですから、本人は死亡保険金をもらえないのです。

キリスト教の牧師さんは、神様を信じたら、イエス様を信じたら、死んだら天国へ行けると言います。仏教のお坊さんは、仏様を信じたら、死んだら極楽へ行けると言いますが、死んだらもう本人はいないのですから、天国や極楽へ行く当人がいないのです。当人はいないから、天国や極楽へ行けるはずがないのです。

死んだ人は、生きかえって、「死んだけれども天国や極楽へは行けませんでした」と文句を言う人がいませんから、キリスト教の牧師さんや寺のお坊さんは、堂々と嘘偽りを述べているのです。現世ではこういうインチキが、堂々とまかり通っているのです。

死んでから天国へ行くということは、新約聖書には絶対に書いていません。死んでから地獄へ行くのでもない。人間は既に地獄にいるのです。だから、死の恐怖があるのです。

人間は現在死んでいることが分かってないから、死について明確な正確な認識がないのです。正確な認識がないことが、いたずらに恐怖をかり立てているのです。

頭で理解したことと、心で納得することとは違うのです。私たちは生死について、思想的にある程度理解することはできます。宗教書を読めばその端緒くらいのことは分かりますけれど、これは思想的に分かっただけのことであって、魂の実感として了得した、また、体得したと言えるものではないのです。

そのような観念の遊戯を何十年してもだめです。現在の日本の宗教人はそればかりをしているのです。仏教も、キリスト教も、天理教も、日本神道も、すべて宗教家は次元の低い問題を考えているのです。こんなものは問題にならないのです。

皆様には宗教的な低いレベルの概念から脱却する、断固たる決心を持って頂きたいのです。

私は口を極めて宗教の欺瞞性を攻撃しているのです。宗教で述べている神や仏はないのです。唯識論とか倶舎論も間違っている。理屈ばかり言っているのです。

仏教大学で教えているのは人間の理屈ばかりです。魂の実体について説明することは全くしていないのです。

仏教大学でもキリスト教の神学校でも、魂について正確な、正当な説明をする人がいないのです。魂が分からないのですから、魂の救いについて語れる人はいないのです。

水原秋桜子が「滝落ちて　群青世界　轟けり」と詠んでいます。これはすばらしい命の感性を詠んでいますが、彼自身は命を意識していなかったのです。そういうものです。

芭蕉が、「名月や　ああ名月や　名月や」と自分自身の実感を詠んでいるのです。名月を眺めている者の実感は、西田哲学で言いますと、純粋経験の直下になるのですが、このような心理状態は非常に神に近いのです。だから、芭蕉は月の光に心が照らされて、彼の魂は一晩中池を巡っていたのです。

ところが、芭蕉が本当に神が分かっていたのか、本当に永遠の生命が分かっていたのかと言いますと、分かっていなかったのです。だから彼の辞世の句は、「旅に病んで夢は枯野をかけめぐる」という、非常に悲しいものでした。

もし芭蕉に永遠の生命が分かっていたら、旅に病んで夢は枯野をかけめぐるという悲痛な辞世の句を残すはずがなかったのです。

そのように俳句の名人であっても、自分自身で生も死も両方共理解していなかったのです。

ただ何となく生きていたのです。何となく俳句を詠んでいたのです。

芸術的な文化概念と生死の問題とは別のものです。

「滝落ちて　群青世界　轟けり」と水原秋桜子は詠んでいますが、滝落ちてということの中に、すばらしい命が出ているのです。天地の命が表現されているのです。

滝を見たのは恐らく夏の頃と思われます。「群青世界　轟けり」も非常に力強い命の世界が出ているのです。

「群青世界　轟けり」と明々白々な命の世界を詠んでいるけれど、彼自身には永遠の生命の実感がなかったのです。

このように思想的に理解するということと、実感的に命を獲得するということとは違うのです。

思想的な理解は、哲学の世界、芸術の世界、或いは宗教の世界であって、これは文化概念です。文化概念の世界をうろつき回っていたところで、本当に死を解決することはできません。

私たちは世界の文化人や宗教人が経験しなかった重大な宇宙の真実、全世界の真実に向かって、勇ましく踏み込んでいくという勉強をしているのです。

「滝落ちて　群青世界　轟けり」この句を詠めば、皆様も命の世界が感じられるはずです。命の響きが感じられるはずです。

彼は命を詠んでいるのです。命を詠んでいながら、本当の命が彼に分かっていなかったのです。

なぜそういうことになるのかと言いますと、水原秋桜子は肉の思いで俳句を詠んでいたのです。肉の思いを持ったままで生きていたのです。

彼は霊の思いを経験したことがなかったのです。滝が落ちているという生命的な実体を、彼は捉えていなかったのです。

滝が落ちているという景色を見ていたのです。真夏の燃えるような群青世界を見ていたのです。青葉の燃えるような世界を詠んでいたのです。命が満ち満ちている世界を見ていたけれど、霊で感じることができなかったのです。

皆様は今まで大人の生活を送っていたのですが、大人の生活が間違っているのです。

人間の大人の常識が根本から間違っているのです。特に結婚してからの大人の気持ちが悪いのです。性という本質的な事がらをはっきり弁えていないからです。にもかかわらず、肉の思いでやたらに性行為をしている。これは人間の悪そのものです。これが死の行為になるのです。

肉の思いは死である。死から解放されたいと思ったら、また、死を克服しようと思ったら、現在の大人の感覚を解脱するという覚悟を持って頂きたいのです。そういう勇敢な気持ちを持って頂きたいのです。

私は皆様を宗教の世界へ引っぱり込もうという気持ちは、毛頭ありません。むしろ宗教から出ることを勧めているのです。

肉の思いというのは人間の固定観念です。今までの自分の記憶、今までの自分の勉強、今までの自分の経験が、皆様の心に貼り付いてしまっている。

こういう観念の固定から逃れることができない。これが死の状態です。人間が肉体的に死んだら手も足も動かなくなります。目も鼻も耳も動かなくなります。五官が働かなくなります。

死は固定を意味するのです。凍結してしまうのです。大人の常識は凍結しているのです。特に日本人の生活概念は非常に悪い概念です。

日本人の大人は現象主義に固まっているのです。国家主義、民族主義に固まっているのです。八百万の精神です。現実主義に固まっている。こういう感覚で、日本人の常識はでき上がってしまっているのです。これが死んでいる証拠です。

こういう観念の固定から脱出することを本当に覚悟するなら、死から逃れることができるのです。

死は肉の思いですから、肉の思いの実体がよく分かりさえすれば、これから逃れることができるのです。観念の固定から脱出することができるなら、死から逃れることができるのです。

宗教を一切踏み潰してしまうくらいの乱暴な気持ちを持って頂きたい。

死は暴力です。皆様の首を絞めて殺してしまうのです。皆様は死にたくないでしょう。死にたくないのに死んでいくのです。これが暴力です。

死にたいのなら死んでも仕方がないのです。死にたくないのに死なねばならないということは、殺されるのです。

人間は死ぬのではなくて、殺されるのです。暴力的に殺されるのです。皆様は死にたくないでしょう。ところが、死ななければならない。これは強制的に、暴力的に殺されるのです。強制的に死なされるのです。これは殺されるのです。

般若心経には色即是空、五蘊皆空という言葉があります。諸法空想という非常に重大な言葉がありますが、日本人はこの言葉の意味を知らないのです。

日本人は般若心経を愛していますけれど、般若心経の言葉を愛していないのです。こういうおかしなことになっているのです。

日本人は宗教が好きです。日本人は無宗教の国民だと言われていますけれど、これは欧米人から見た言い方になるのです。日本人は宗教を理解していないのに、宗教好きです。

日本人は般若心経に惚れています。無茶苦茶に惚れている人もいるのです。ところが、五蘊皆空の意味を知らずに惚れているのです。盲滅法に惚れているのです。日本人の般若心経の惚れ方は狂的です。病的と言えるかもしれないのです。

とにかくむやみやたらに写経をするのです。奈良のある寺は写経をして千円を添えて送るとご利益があると言って、百万人から写経が送られてきました。いわゆる百万写経です。これによって寺は十億円儲かったのですが、現在も続いていて、合計で七百万の人が写経に千円を付けて送って来ているのです。寺は七十億円の収入があったことになるのです。

日本人はこれくらい般若心経が好きですが、五蘊皆空という中心思想を全然理解しようとしていないのです。一体何をしているのでしょうか。日本人の宗教心はでたらめで、非常に不真面目です。

般若心経の色即是空というのは、なかなか崇高な思想です。皆様は現象世界が実体だと思っているのです。時間、空間が存在するに違いないという気持ちで、生活しているのです。これが五蘊です。

五蘊が皆空であると言っているのです。時間、空間の世界は空です。色即是空というのはこれを言っているのです。

色は空であるということを、般若心経は繰り返し繰り返し説いているのです。けれど、それを日本人は実感しようとしないのです。読んでいながら実感しようとしないのです。

毎日、毎日、般若心経を唱えている人がいるでしょう。唱えていながら、字句の意味を理解しようとしていない。これが日本人の宗教道楽です。宗教道楽をしていたのでは、とても人生の解決はできないのです。

「滝落ちて」というのは、堂々たる生命意識にあふれていますが、次のような歌もあります。

「鳥も通わぬ山中の
天地を生きて堂々と
落ちる滝の雄々しさよ
瀑布よ瀑布大瀑布」

山中にある天地を生きている堂々たる滝があるのです。これは何を意味するのでしょうか。例えば、朝日が上る景色、夕日が落ちる景色も、命の表現ですけれど、鳥も通わぬ山中の天地を生きて、堂々と群青世界を動かしている滝は、命そのものを表現しているのです。

さて、命とは一体何でしょうか。これは天地創造と大きい関係があるのです。神は命の実体を現わすために天地を造ったのです。

「初めに神は天と地とを創造された」とあります（創世記1・1）。神は天と地を造った。何のために造ったのか。これは般若心経ではどうしても分かりません。ましてや、日本の八百万の神では全く分かりません。

初めとは時間がなかった時を指すのです。未だかつて時間がなかった時を初めと言うのです。地球がまだ造られなかった時、時間、空間という概念が全然存在していなかった時が、初めです。

その時に、天と地が確定されたのです。確立されたのです。これが神という事がらです。神とは命を命として実証する事がらです。神はすばらしい大事実です。神が天地を造ったという事実が皆様の五官の働きとして、皆様自身に植えられているのです。これを魂と言うのです。

命の働きが肉体現象という形で皆様に感じられるのです。肉体は存在していませんけれども、命を感受することはできるのです。

時間は存在していません。しかし、時間を感受することができるのです。人間の感受性というものは、命を知るための非常に尊い機能です。

命をできるだけスムーズに、正当に、正確に受け取るためには、まず皆様は素直にならなければいけないのです。日本人の常識とか今までの経験とか、色々な理屈が、皆様の記憶の中にいっぱい詰まっているのです。この記憶が皆様を殺すのです。

今までの人生経験が皆様を殺すのです。だから、滝が落ちていることの意味が分からないのです。すばらしい景色は分かります。鳥も通わぬ山中の、天地を生きて堂々と落ちる大瀑布のすばらしさは分かります。

滝を見て、無性に感激せざるを得ないほどのそのすばらしさは分かったのですけれど、神が滝を落としているという意味が、水原秋桜子に分からなかったのです。

日の出を拝みに行きます。人々はなぜ日の出を拝むのでしょうか。なぜ拝みたくなるのでしょうか。日の出を通して、神は人間に命の実体を知らせているのです。命の実体を拝ませているのです。

ところが、人間の常識、特に大人の常識は、命の実体を拝むほど心が素直ではないのです。命の実体を見極めるために生きているのだという切実な考えを持って頂きたいのです。

「成せば成る　成さねば成らぬ　何事も」という諺があります。「信じるごとく　汝に成るべし」とイエスが言っています。「得たりと信ぜよ　さらば得べしと」と言っています。

イエスはどういう気持ちで生きていたのか。イエスは「私は命のパンである」と言っています。「私を食べる者は死なない」と言っているのです。

イエスを食べたらいいのです。私はイエスを食べていますから、イエスが持っていた命の実質が分かるのです。もちろんイエスほど食べていませんが、私もイエスの気持ちと同じ気持ちを持つことができるのです。

イエスという存在を食べて頂きたい。そうしたら、命が分かるのです。神はそうして欲しいと思っているのです。これは神の願いです。

すべての人が真理を信じて救われることを、神が願っているのです。神が願っていますから、これが皆様に成就するに決まっているのです。

日本人の民族意識、国家概念という小さな根性、いわゆるキリシタンバテレンという考え方を絶対にやめるのです。

天地の造り主が存在するから天地があるのです。日の出の景色とか、滝が落ちる光景は、皆様に命を啓示しているのです。

命を啓示されるためには、神からの条件を呑まなければならないのです。

神が人間に命を啓示するためには、私たちが現在命だと思っているものが、命ではないことを悟る必要があるのです。

人間は自分が生きていると思っていますけれど、これは生きているのではなくて、死んでいるのです。なぜなら、皆様は自分の気持ちを自由に変えることはできません。自分の意識を自由に転換することができないのです。

五蘊皆空、色即是空と言われても、簡単に承認することができませんし、実感することもできないのです。

イエスは「悔い改めて福音を信ぜよ」と言っていますが（マルコによる福音書1・15）、キリスト教の人々には悔い改めるとはどうすることかが分からないのです。

悔い改めるというのは、精神の霊を新しくすることです。これはエペソ人への手紙の四章十二節でパウロが述べています。文語訳では、心の霊を新にすると訳しています。口語訳では心の深みまで新たにされてと訳しています。

英文は一番正確に訳しています。and that ye be renewed in the spirit of your mind.となっています。これ原語に近い訳です。

精神の霊を新にせよと言っています。皆様の精神構造が間違っているのです。精神構造が死んでいるのです。

人間の精神構造というのは、人間の常識を信じています。常識は死んでいくに決まっている人間の考え方です。死んでいくに決まっている人間の常識を信じていたら、その人も死ぬに決まっているのです。

だから、命に関する精神構造の根本をひっくり返してしまうのです。これがキリスト教ではできません。これは精神工学に関することになるのです。

キリスト教では洗礼を受けても、洗礼の意味が何のことか分からないのです。水で体を洗うとはどういうことなのか。こういうことをはっきり説明ができる牧師が、日本には一人もいないのです。

イエスは「水からと霊から新しく生まれよ」と言っています（ヨハネによる福音書3・3）。水からと霊から新に生まれて、神の国に入ってしまえと言っているのです。

神の国に入ってしまうと、初めて日の出がどういうことなのかが分かるのです。宇宙の大生命とはどういうものなのか。地球が自転公転していること、皆様の心臓が動いていることが宇宙の命です。

宇宙の命が皆様と一緒に働いているのです。これを自覚するために、日の出があるのです。日の出の本当の意味を知る必要があるのです。

そのために、神が日の出を見せているのです。滝を落としているのです。滝が落ちているのは、天地創造の時を示しているのです。

天地創造によって神は何を現わそうとしたのか。現在の人間が生きている命は人間が考えている命であって、神が考えている命ではないのです。

皆様は神が考えている本当の命、死なない命、永遠の生命の実物を捉えて頂きたいのです。日の出に現われている宇宙の命、天地に響いて落ちている大瀑布の命です。宇宙の大生命が現在皆様に宿っているのです。

皆様は神の命によって生かされていながら、その実体を正確に捉えることができない。これが死んでいることを意味しているのです。これを悔い改めなければならないのです。

神は皆様に本当の命を渡したいのです。ところが、皆様はその命を受け取ろうとしないのです。なぜか、宗教観念を信じているからです。人間の常識を信じているからです。

江戸時代中期にいた蜀山人が、「今までは他人が死ぬぞと思いしに、俺が死ぬとは、こいつはたまらん」という狂歌を残しています。

死ぬということは他人のことだと思ったのに、自分が死ぬとはこれはたまらんと言うのです。これが正直な人間の言葉です。

皆様も死ぬということを真面目に考えてみてください。死ぬことは他人のことだという無責任な気持ちで生きている。これが間違っているのです。

宗教を経験した方は、私は救われている、死んだら天国へ行けると考えているのです。こんなばかなことはありません。本当に神の国に入った人は死なないのです。死んだらその人は地獄へ行くに決まっているのです。

神の国は生きている間に入るのです。生きている間に神の国に入らなければ嘘です。

皆様が本当に希望するのなら、生きているうちに神の国へご案内します。私と一緒に神の国へ行きたいと思ったらいいのです。

イエスは私は命のパンだと言いました（ヨハネによる福音書6・51～56）。イエスを食べるのです。つまりイエスの名（the name of Jesus）が皆様の命であることが分かったらいいのです。

阿弥陀如来の名号（name）を称名念仏すれば、阿弥陀さんが迎えに来てくれるという他力本願の話がありますが、イエスのネームは、阿弥陀如来が迎えに来るくらいとは違います。

現在、目の黒いうちに神の国に入ることができるのです。これがイエスのネームです。

皆様が現実に生きている世界に、命が堂々と働いているのです。電気が流れているのです。この電気が命の正体です。

電気とは何であるのか。ヨハネの黙示録の四章五節には電気の正体が書かれているのです。

皆様が命の正体をはっきり掴まえたいと思われたら、今までの皆様の考え方を捨てて頂きたいのです。それは、この世の考えであって死んでいく人間の考えです。そういうものに係わっていると、死んでいくことになるのです。

あとがき

釈尊が説いたのは空ですが、空の本体は一体何であるのか。

空とは、物質的に存在する現象は、実体がないということです。ところが、空とはからっぽなのかというと、からっぽではないのです。

空とは、恐ろしい実を示しているのです。空という言い方で実を示しているのです。

日本の仏教はご開山の仏教です。ご開山が造り上げた教えが日本では釈尊の教えのように言われていますけれど、実はそうではないのです。

空海の教え、伝教大師の教え、親鸞の教え、日蓮の教えはあります。これが日本の仏教であって、この人たちは釈尊の教えを学んだのですが、釈尊の教えがそのまま反映しているのではないのです。

般若心経は如是我聞という言葉を全然使っていません。最初から観自在菩薩行深般若波羅蜜多と言っています。ここに般若心経の良い所がありまして、釈尊の見解が率直に書かれているのです。

その意味で日本に仏教はありますが、釈尊の空がはっきり教えられていないということは、やむを得ないことだと思います。日本だけではなく、インドにもありません。タイやミャンマーにもありません。世界中どこにもないのです。日本で般若心経を愛好しているというだけでも、相当空の面が多くありそうだと言えますけれど、釈尊の本当の思想ではないのです。釈尊は一体何を言いたかったのか。彼は一切空ということを言いたかったのです。つまり、人間が現世で生きていること自体が、本当ではないということを言いたかったのです。それでは、本当のことはどこにあるのかということです。

私たちが生きていることが空であるとすると、実は一体どこにあるのか。大乗仏教は実を教える方法がないのです。般若心経は一切が空であると言っています。ところが、聖書は実そのものを突き出しているのです。

仏教には無という思想があります。東洋無とも言いますが、無が分かっても有は何であるのか。今ここに人がいるとして、この人は有と言わざるを得ないのです。一切空と言っても、現在人がいるということは否定できないのです。観念的には空であっても、実体的には有である。この有はどこから来たのかということです。

地球はどうして生まれたのかという問題です。これは仏典では絶対に説明ができないのです。

なぜかと言いますと、仏典は地球が存在している所から始まっているのです。人間が生きている所から出発しているのです。

釈尊は生老病死の四苦を見極めようと考えた。人間がいなかったら仏法は初めからできなかったのです。

聖書はそうではないのです。人間がいない所、地球ができる前から始まっているのです。そこで、私たちはどうしても人間がなぜ現われたのか、地球がどのような理由で造られたのかを、学ぶ必要があるのです。

創世が日本人には全然分かっていないのです。キリスト教でも分かっていないのです。神の御霊《みたま》によって聖書を見ることができないからです。

カトリックは、カトリシズムという教義に従って聖書を見ているのです。キリスト教はキリスト教の教義に従って聖書を見ている。

だから、聖書を見る見方がすべて宗教的に、教訓的に限定されているのです。キリスト教というめがねで、聖書を見ているのです。だから、キリスト教のキリストは見えるけれども、本当のキリストは見えないのです。

仏教もそうです。日蓮宗というめがねで仏を見ている。日蓮宗の仏は分かります。浄土真宗の仏は分かりますが、本当の仏が分からないのです。

だから、本当に命の勉強をするなら、日本という国がらにも宗教にもこだわらないで、自分自身の命という角度から見ていくのです。これは学問ではありません。宗教でもないのです。生きていることは世界共通です。

命という角度から考えますと、命が動物、植物になって現われているのです。ところが、大日如来という説は一種の抽象人格です。本当に存在する人格ではないのです。阿弥陀如来もその通りです。観世音菩薩もその通りです。

菩薩とか如来というのは仮称人格でありまして、ある精神状態、または、すばらしい能力を尊敬する形で、人格にまつり上げているのです。

私たちはあらゆるの虚飾を取り去って、仏教とか、キリスト教とかいうアクセサリーを取り去って、率直に、素直に真理そのものに突っ込んでいく必要があるのです。

大日如来とは仮存在です。本当の大日如来は何であるのか。これは神のある部分を示しているのです。日本の神ではありません。日本の神は八百万の神です。そういう神ではなくて、本当の神、命そのものの実体です。太陽が輝いていることが実体です。これを見ていかなければならないのです。

太陽は神の実物を形象的に現わしているのです。形態的に現わしているのです。神の力が太陽という形で現われているのです。これを世と言うのです。

創世とは神の栄光、神の力が物理現象として現われている時代のことです。世が造られたのであって、物が造られたのではないのです。

人間が造られたのではない。地球が造られたのではない。万物として、神の力が現われる時代が造られたのです。

創世とは神が世を造ったのであって、物を造ったのではないのです。

例えば、時間が存在しないのですから、空間も存在しないのです。そうすると、私たちが見ている時間、空間は何なのか。これが神の全能です。ないものがあるように見えるのです。あるべき道理がないものが、実在するように感じられるのです。

そのように感じさせている神と、感じさせられている人間がいるのです。

人間は物があるように感じています。神は万物があるように感じさせているのです。そこで、神の創造力と人間の感受力が一つになって、命が発生するのです。

人が生きていることは、そのまま神を経験しているのです。

考え方によりますと、大日如来とは自分のことです。観世音菩薩も自分のことです。その時、その時に、観音さんになったり、如来さんになったりしたらいいのです。

イエスが死を破ったという厳粛な事実が一つあるだけです。もしイエスが死を破らなかったら、彼はただの嘘つきです。死を破ったことが歴史的にはっきり残っているのです。これはどうしても否定することはできないのです。この事実を勉強すると死なない命が分かるのです。

実は人が生きているその魂の本体は、そのままイエスです。人が生きていることが、神です。

ザ・リビング・オブ・ザ・ゴッド、生ける神という言葉が聖書にありますが、ゴッドはリビングだと言っているのです。命はそのまま神です。

人が生きているのは人間ではなく、イエスそのものです。人の命の本質は、イエスそのものです。だから、主イエスと言うのです。

固有名詞の自分は罪人です。これは地獄へ行くに決まっているのです。

しかし、生かされていることは神の子です。これがイエスです。これを知ることが聖書の奥義を知ることになるのです。

梶原和義（かじわら　かずよし）

●名古屋市に生まれる。
●長年、般若心経と聖書の研究に没頭する。
●十三年間、大手都市銀行に勤務後、退職して新会社を設立する。
●現代文明の根源を探るため、ユダヤ人問題を研究する。
●「永遠の命」についての講話活動を各地で行っている。
●東京と関西で、随時勉強会を開催している。
●聖書研究会主幹の故村岡太三郎先生に師事し、般若心経と聖書の根本思想について、多くの事を学ぶ。また、村岡太三郎先生と共に「般若心経と聖書」というテーマで、全国での講演活動に参加した。

・毎年、七月から九月の間に、六甲山と軽井沢で開催された聖書研究会主催の夏期セミナーに講師として参加し、世界の文明・文化・政治・経済・宗教について指導した。
・毎年、大阪で聖書研究会により開催されている定例研究会に講師として参加。文明の間違い、宗教の間違いについて、十年以上にわたり指導した。
・聖書研究会神戸地区の地区指導員として、十五年にわたって監督、指導した。
・大阪の出版社ＪＤＣ出版の主催による講話会で、「永遠の生命を得るために」「般若心経と聖書」

等について連続講義をした。
・東洋医学研究所の依頼により、鹿児島市民会館にて、「永遠の生命を得るために」と題して講演した。
・日本フットネスヨーガ協会にて、「永遠の生命を得るために」と題して、連続講演した。
・関西日本サイ科学会において、「永遠の生命」「死ぬべき人間から死なない人間」等について講演した。
・土曜日と日曜日の午前九時二十分から十一時頃まで、全国の読者に向けてスカイプにて講話活動を行っている。
●一九九五年、一九九七年、世界一周をして、政治・経済・文化・人々の生活について広く見聞した。
・一九九五年七月二十六日エリトリアのイザイアス・アフェワルキー（Isaias Afeworki）大統領に面会し、エリトリアと日本の関係、エリトリア、アフリカの将来について話し合った。
・一九九七年二月十八日から二十八日の間に、イスラエルシャローム党創設者ウリ・アブネリ（Uri Avnery）氏と頻繁に会い、イスラエルの現状・PLOとの関係、イスラエルと日本との関係、ユダヤ教とメシア、イスラエルと世界の将来、人類の将来と世界平和等についてつっこんだ話合いをした。
・一九九五年六月二十七日より十月十七日迄、世界一周のためにウクライナ船「カレリア号」

に乗船。船内で開催された洋上大学に講師として参加し、「東洋文明と西洋文明の融合」「永遠の生命とは何か」「永遠の生命を得るために」等について講演した。
・一九九七年十二月十九日から一九九八年三月二十一日迄、世界一周のためにインドネシア船「アワニ・ドリーム号」に乗船。船内の乗客に「般若心経と聖書」というテーマで、三十三回の連続講義をした。この内容は拙著「ふたつの地球をめざして」に掲載している。
・FM放送（FMみっきぃ、76.1MHz）他、全国の三十五の放送局にて、「梶原和義の人間宇宙論」と題する連続五十二回の講話を放送中です。

●日本ペンクラブ会員
●日本文藝家協会会員
●㈱アラジン代表取締役

著書
「永遠の生命」「永遠のいのち」「超幸福論」「超平和論」「超自由論」「超健康論」「超恋愛論」「超希望論」「超未来論」
「ユダヤ人の動向は人類の運命を左右する」
「ユダヤ人が悔い改めれば世界に驚くべき平和が訪れる」
「ユダヤ人が立ち直れば世界に完全平和が実現する」

「ユダヤ人問題は文明の中心テーマ」
「ユダヤ人を中心にして世界は動いている」
「ユダヤ人問題は歴史の中の最大の秘密」
「ユダヤ人問題は地球の運命を左右する」
「イスラエルの回復は人類の悲願」
「ユダヤ人の盛衰興亡は人類の運命を左右する」
「ユダヤ人が回復すれば世界に完全平和が実現する」
「ユダヤ人問題は人間歴史最大のテーマ」
「ユダヤ人の回復は地球完成の必須条件」
「イスラエルが回復すれば世界は見事に立ち直る」
「ユダヤ人が悔い改めれば世界は一変する」
「とこしえの命を得るために 1」
「とこしえの命を得るために 2」
「とこしえの命を得るために 3」
「とこしえの命を得るために 4」
「とこしえの命を得るために 5」
「やがて地球は完成する」

「千年間の絶対平和」

「究極の人間の品格」

「究極の人間の品格 ②」

「究極の人間の品格 ③」

「般若心経と聖書の不思議な関係 ①」

「般若心経と聖書の不思議な関係 ②」

「般若心経と聖書の不思議な関係 ③」

「ユダヤ人と人類に与えられた永遠の生命 ①」

「ユダヤ人と人類に与えられた永遠の生命 ②」

「ユダヤ人と人類に与えられた永遠の生命 ③」

「ユダヤ人と人類に与えられた永遠の生命 ④」

「ユダヤ人と人類に与えられた永遠の生命 ⑤」

「ユダヤ人と人類に与えられた永遠の生命 ⑥」

「ユダヤ人と人類に与えられた永遠の生命 ⑦」

「ユダヤ人と人類に与えられた永遠の生命 ⑧」

「ユダヤ人と人類に与えられた永遠の生命 ⑨」

「ユダヤ人と人類に与えられた永遠の生命 ⑩」

「死んでたまるか」
「死ぬのは真っ平ごめん」
「人類は死に完全勝利した」
「死は真っ赤な嘘」
「死ぬのは絶対お断り　上」
「死ぬのは絶対お断り　下」
「我死に勝てり　上巻」
「我死に勝てり　中巻」
「我死に勝てり　下巻」
「死なない人間になりました　上巻」
「死なない人間になりました　中巻」
「死なない人間になりました　下巻」
「あなたも死なない人間になりませんか　上巻」
「死なない人間の集団をつくります」
「世界でたった一つの宝もの　上巻」
「世界でたった一つの宝もの　中巻」
「世界でたった一つの宝もの　下巻」

「人類史上初めて明かされた神の国に入る方法 I」
「人類史上初めて明かされた神の国に入る方法 II」
「人類史上初めて明かされた神の国に入る方法 III」
「人類史上初めて明かされた神の国に入る方法 IV」
「人類史上初めて明かされた神の国に入る方法 V」
「人類史上初めて明かされた神の国に入る方法 VI」
「人類史上初めて明かされた彼岸に入る方法 1」
「人類史上初めて明かされた彼岸に入る方法 2」
「人類史上初めて明かされた彼岸に入る方法 3」
「人類史上初めて明かされた彼岸に入る方法 4」
「人類史上初めて明かされた彼岸に入る方法 5」
「般若心経の驚くべき功徳」
「般若心経には人類を救う驚くべき力がある」
「般若心経には文明を新しくする恐るべき秘密がある」
「般若心経は人間文化最高の宝もの」（JDC）
「永遠の生命を得るために」第一巻〜第四巻（近代文藝社）
「ふたつの地球をめざして」「ノアの方舟世界を巡る」（第三書館）

「ユダヤ人が立ち直れば世界が見事に立ち直る」
「ユダヤ人が方向転換すれば世界全体が方向転換する」
「人類の救いも滅びもユダヤ人からくる」
「ユダヤ人に与えられた永遠の生命」（文芸社）

インターネットのみで販売している「マイブックル」での著書
「世界に完全平和を実現するために」（第一巻）（第二巻）
「ユダヤ人問題について考察する」第一巻～第五巻
「ユダヤ人が悔い改めれば地球に驚くべき平和が実現する」第一巻～第五巻
「ユダヤ人が悔い改めれば地球に完全平和が訪れる」第一巻～第五巻
「ユダヤ人問題とは何か」第一巻～第五巻
「真の世界平和実現のための私の提言」第一巻～第五巻
「人類と地球の未来を展望する」第一巻～第七巻
「人類へのメッセージ」第一巻～第八巻
「般若心経と聖書の不思議な関係」
「永遠の生命について考察する」第一巻～第十一巻
「誰でも分かる永遠の生命」第一巻～第五巻

「ユダヤ人が悔い改めれば千年間の世界平和が必ず実現する」

現住所　〒673-0541　兵庫県三木市志染町広野6-169-4
TEL　090（3940）5426　FAX　0794（87）1960
E-mail：akenomyojo@k.vodafone.ne.jp
http://kajiwara.sitemix.jp/
http://twitter.com/kajiwara1941
blog：http://eien201683.ieyasu.com/
YOUTUBE：http://www.youtube.com/user/kajiwara1941
https://www.facebook.com/kazuyosi.kajiwara
https://www.instagram.com/kazuyosikajiwara/

あなたも死なない人間になりませんか 中巻

発行日
2021年12月1日

著　者
梶原和義

発行者
久保岡宣子

発行所
JDC出版

〒552-0001　大阪市港区波除6-5-18
TEL.06-6581-2811(代)　FAX.06-6581-2670
E-mail：book@sekitansouko.com
H.P：http://www.sekitansouko.com
郵便振替　00940-8-28280

印刷製本
前田印刷株式会社